Dieses Buch gehört:

____

____

Das Kochbuch aus dem Rheinland

mit Spezialitäten aus Köln und dem Bergischen Land

Gustav Casparek

verlegt von

Wolfgang Hölker

ISBN-NR: 3-88117-018-9
VVA-NR: 280 000 18

D-4400 Münster, Martinistraße 2

Printed in Germany by Druckhaus Cramer, Greven
Imprimé en Allemagne
Buchbinderische Verarbeitung: Klemme und Bleimund, Bielefeld

Inhalt

Wenn der Durchschnittsausländer an die deutsche Küche denkt, fallen ihm mit ziemlicher Sicherheit Eisbein, Sauerkraut und eventuell noch Knödel ein.
Handelt es sich um einen vielgereisten feinschmeckenden Ausländer, so wird am Anfang seiner Kenntnis der deutschen Küche der Rheinische Sauerbraten stehen. Für den Kenner hebt sich auch das, was man gemeinhin als Eisbein kennt, in seiner kölnisch-rheinischen Variante des Hämchens stark von den minderen Brüdern ab. Worin unterscheidet sich die Rheinische Küche von ihren anderen deutschen Nachbarküchen? – Nun, ich glaube, am Rhein gab es mindestens 1000 Jahre früher Speisekarten als in anderen deutschen Landen. Schon zur Römerzeit wurde im Kölner Raum nach Apicius gekocht und Eis von den fernen Alpen zum Nachtisch gereicht. Der kontinuierliche Kontakt zum Ausland über den Rhein brachte schon seit Urzeiten Gewürze und fremden Geschmack an seine Ufer. Wenn in anderen Ländern – besonders in Frankreich – die Küche Hochkonjunktur hatte, blieb immer etwas davon am Rhein hängen.
Die Rheinische Küche ist weder besonders scharf, noch besonders schwer, noch besonders lieblich. Ich möchte sie aber als innig bezeichnen. Die Gerichte werden meist nicht nacheinander gegessen wie man eine Artischocke verspeist. Auf einem rheinischen Tisch gibt es ‚Quergeschmack'. Erst die Kombination von Apfelmus, Blutwurst und Kartoffelbrei mit den jeweils würzenden Zutaten ergibt den heimeligen Wohlgeschmack.
‚Für starke Männer starke Speise' mag einem auch manchmal bei den einfacheren, auf den natürlichen Geschmack des Nahrungsmittels zurückgehenden Gerichten und Spezialitäten durch den Kopf gehen. Sage mir, was Du ißt, und ich sage Dir, wer Du bist. Die Rheinländer sind als fröhliche Menschen weltbekannt. Wesentlich trägt ihre fröhliche, innige und heimelige Küche dazu bei.
Wie herrlich sind die Namen der Gerichte. Bei Himmel und Äd ist schwer in Teufels Küche kommen.

Erhard Schlieter

Dr. Erhard Schlieter,
Direktor des Verkehrsamtes der Stadt Köln

Die Küche in Köln, im Rheinland und im Bergischen Land

Wer weiß, würde der Strom, der dieser deutschen Landschaft den Namen gab, sich nicht auf Wein reimen, sondern auf Soorbrode, Rievkoche, Flöns oder Muuzemändelcher, vielleicht wäre dann die rheinische Speisekarte berühmter als die Getränkekarte. So aber ist es umgekehrt, und die vielseitigen wie wohlschmeckenden Gerichte aus dem Rheinland liegen nur auf der Schattenseite der deutschen Spezialitätenkarte. Kaum ein Gericht wird über die engeren Grenzen der Heimat hinaus bekannt. Ausnahmen bestätigen da nur die Regel. Und der Export bekommt ihnen gar nicht gut. Denken wir doch nur an den Sauerbraten, der es nach rheinischem Rezept zu Berühmtheit gebracht hat, dem aber draußen das Attribut „Rheinisch" amputiert wurde, um dann mit wer weiß was für Zutaten die Geschmacksnerven des Nicht-Kenners zu strapazieren. So ist es diesem eigentlich nicht zu verübeln, wenn er sich an den Genüssen anderer Landstriche delektiert und die rheinischen Spezialitäten meidet.

Eine solche Haltung ist verständlich, aber auch zu bedauern. Wenn sich die rheinische Küche auch nicht an internationalen Maßstäben messen will, braucht sie einen Vergleich durchaus nicht zu scheuen. Denn die Kölner, wie überhaupt die Rheinländer, sind recht genußfreudige Menschen. Sie schätzen nicht nur einen guten Tropfen, sondern mindestens ebenso eine gute Mahlzeit, wobei das eine das andere nur zu heben vermag.

Bankette, die der Kölner Rat im Mittelalter hochgestellten Reisenden zu Ehren in großer Zahl gab, mehrten den Ruhm der freien Reichsstadt in aller Welt. Das überaus reichhaltige Zeremoniell in den Gaffeln und Zünften der Stadt war begleitet von opulenten Diners, und auch in den Häusern der Bürger liebte man die abwechslungsreiche

Küche. Schließlich legten nicht nur die Römer hier am Rhein den Grundstock für die Küche. Schweden, Spanier, Franzosen und was sonst noch alles im Laufe der Geschichte in kriegerischer Absicht die niederrheinische Tiefebene durchzog, sie alle hinterließen auch ihre Spuren in den Eßgewohnheiten der Bewohner. So entwickelte sich in Köln bei den reichen Patriziern, den Kaufleuten und Handwerksmeistern relativ früh eine anspruchsvolle Eßkultur.
Dazu kommt allerdings, daß der Kölner zwar im Karneval den Prunk liebt, sonst aber eher einen bescheidenen Lebensstil vorzieht. Bei ihm kommt vor allem auf den Tisch, was der eigene Garten und die Felder der Bauern aus der Umgebung liefern. Es wird relativ deftig gekocht, aber keinesfalls derb. Die Rheinländerin bereitet auch die einfachen Gerichte mit recht viel Raffinesse. Das liegt vor allem an den Gewürzen.
Hierfür liefert nicht nur der Kräutergarten, früher obligatorisch an jedem Haus, die nötigen Nuancen. Als reiche Hansestadt hat Köln bereits im Mittelalter Handel mit allen damals bekannten Ländern getrieben. Kaniel (Stangenzimt) beispielsweise taucht schon 1393 in uns überlieferten Dokumenten auf, Peffer (Pfeffer) ist noch früher gebräuchlich und erstmals um 1300 bezeugt, und über Blom oder Beschot (Muskatnuß) lesen wir in Urkunden aus dem 14. Jahrhundert. Selbst Öllich (Zwiebel) oder Knuflauf (Knoblauch) werden Ende des 12. Jahrhunderts in der Kölner Küche gebraucht.
Bei solchen Voraussetzungen nimmt es nicht weiter wunder, daß in den alten kölnischen Kochbüchern (das älteste erhalten gebliebene stammt aus dem 16. Jahrhundert und wird im Stadtarchiv aufbewahrt) recht raffinierte Zubereitungsarten beschrieben werden. Erst als im Laufe der Geschichte Köln seine Bedeutung als Hanse- und Handelsmetropole verliert, ist es vorbei mit allen Köstlichkeiten. Die Küche verarmt ebenso. Erst zum Ende des vorigen Jahrhundert, als mit Gründerzeit und neuem Reichtum in der „gutbürgerlichen Küche“ wieder ausländische Gewürze angewendet werden, wendet sich das Blatt. Damen des rheinischen Landadels schreiben in diesen Jahren Kochbücher, die mehrere Auflagen erleben. Vor allem aber wird es Mode, den Bräuten als Hochzeitsgeschenk ein Kochbuch mit linierten

leeren Seiten zu überreichen, die diese im Laufe ihrer Ehe mit all jenen Rezepten füllen, die zum Standard- wie Festtagsprogramm ihrer Küche werden.
Auf diesen Überlieferungen aus der eigenen Familie basiert der größte Teil dieses Kochbuchs. Andere Rezepte stammen aus ähnlichen handschriftlichen Kochbüchern, die auf Flohmärkten erstanden werden konnten.

Köln 1976

fig. 1

Suppen (Züppcher)

Züppcher (Suppen)

Der sonntägliche Kirchgang war dem Kölner Bürger heilig, und danach zog es ihn an den Tresen seines Stammwirtes. So im und am Geist in doppelter Hinsicht gestärkt, rief ihn die Mittagsglocke an den heimischen Herd, wo inzwischen die Hausfrau das Essen bereitet hatte. Undenkbar war, was immer auf den Tisch kommen mochte, ein Sonntagsessen ohne die obligatorische Fleischbrühe vorweg, die schon am Morgen direkt nach dem Frühstück aufgesetzt worden war und jetzt die richtige Konsistenz erreicht hatte. Fertige Nudeln kamen noch bis in die 20er Jahre unseres Jahrhunderts höchst selten in die Suppe. Die Hausfrau machte die Einlagen selbst. Hier zwei typische Beispiele:

Nit koche!

Markklösjer (Markklößchen)

100 g Knochenmark, 100 g Paniermehl (Semmelbrösel), 2 Eier, Salz, schwarzer Pfeffer, 3 Strich Muskatnuß, ½ Bund gehackte Petersilie.

Das Knochenmark wird mit einer Gabel fein zerdrückt, das Paniermehl und Eigelb daruntergerührt, dann gewürzt. Eiweiß zu Schnee schlagen, dazugeben und die Masse ca. ½ Stunde ruhen lassen. Es werden daraus etwa walnußgroße Klößchen geformt, die in der Suppe garziehen müssen.

Vun dir Öhm us Neppes

Rebbelcher (Ribbel)

4 Eßl. Mehl, 4 Eidotter, Salz, 1 Faden Safran

Auf dem Backbrett wird das Mehl mit dem Eigelb und den Gewürzen zu einem Brei verarbeitet und soviel Mehl daruntergeknetet, daß ein möglichst fester Teig entsteht. Je länger man das Kneten durchhält, um so besser werden die Rebbelcher. Für süße Suppen nimmt man diesen Grundteig, sollen die Rebbelcher in die Fleischbrühe, verfeinern einige Strich Muskat und eine Prise Pfeffer den Geschmack. Auf der Pillekochereibe (die gröbste Raspel auf der Haushaltsreibe tu's zur Not auch) werden die Rebbelcher in die Suppe gerieben.

Neben der Fleischbrühe gibt es auf dem rheinischen Speisezettel noch eine ganze Reihe weiterer Suppen, die entweder als Vorspeise gereicht wurden, aber auch ähnlich wie die Eintöpfe als ganze Mahlzeit galten. Vor allem im Sommer und abends schmecken die mit Bier, Wein, Milch oder Buttermilch bereiteten Suppen köstlich.

Sparjelzupp (Spargelsuppe)

Da die Gleueler Öhm nicht gerne etwas verkommen ließ, andererseits von der harntreibenden, die Nieren belebende Wirkung des Spargels überzeugt war, wurde aus Schalen und Bruch des Spargels eine köstliche Suppe bereitet, die als Vorsuppe oder zum Abendessen mit einem Butterbrot gegeben wurde.

1½–2 l Sud, in dem Spargel gekocht wurde, Bruchspargel, Schalen und holzige Teile, die nicht zum Essen verwendet wurden, 50 g Butter, 1–2 Eßl. Mehl, ½ Tasse Sahne, Salz, Muskatnuß, Fleischextrakt, 3 Eigelb, weißer Pfeffer.

Bruchspargel schälen, in dem Sud alle Spargelreste weichkochen, durch ein Sieb seihen, die Bruchspargelstücke dann in den Sud geben und garkochen. Mit Butter und Mehl eine helle Schwitze bereiten, die mit dem Sud abgelöscht wird. Auf kleinster Flamme etwa 15 Min. köcheln lassen, mit Fleischextrakt, Salz, Pfeffer und einigen Strich Muskatnuß abschmecken, die Spargelstückchen zum Schluß wieder dazugeben, vom Feuer nehmen und mit Sahne und Eigelb binden.

Jot jäje de Doosch

Bottermilchzupp (Buttermilchsuppe)

¾ l Buttermilch, ¼ l Sahne, 3 Eßl. Zucker, Schwarzbrot

Milch, Sahne und Zucker miteinander verrühren, auf tiefe Teller verteilen, Schwarzbrot hineinbrocken.

Do kammer sich ne Pelz dran esse

Bottermilchzupp met Prumme

(Buttermilchsuppe mit Trockenpflaumen)

500 g Backpflaumen, 1 kl. Prise Anis, 1 Stange Zimt, ½ Vanilleschote, 2 l Buttermilch, 1 Eßl. Mehl, 4 alte Brötchen, Salz und Zucker nach Geschmack.

Die Backpflaumen über Nacht einweichen, mit dem Einweichwasser, dem Anis, Zimt und der Vanilleschote garkochen. Dann die Brötchen reiben und dazugeben, die Buttermilch, damit sie nicht so leicht gerinnt, mit dem Mehl anrühren, hineinschütten, mit Salz und Zucker abschmecken und die Suppe noch einmal kurz aufkochen.
Nach Wunsch auch mit Eischneebällchen verzieren.
Ein anderes Rezept:

Mäht öntlich Löff en de Därm

Bottermilch met Prumme

(Buttermilchsuppe mit Kurpflaumen)

1½ l Buttermilch, 500 g Dörrpflaumen (Kurpflaumen), 200 g altes Schwarzbrot, 1 Messerspitze Anissamen, 1 Eßl. Mehl, 4–5 Eßl. Zucker, Salz, Zimt.

Die Dörrpflaumen kurz abbrühen, in einen Topf geben, Schwarzbrot darüberreiben, mit Anis würzen und so viel heißes Wasser darübergießen, daß alles gerade bedeckt ist. Sind die Pflaumen gar, Buttermilch mit dem Mehl anrühren (verhindert das Gerinnen) und darübergießen, unter ständigem Rühren zum Kochen bringen, zum Schluß mit Zucker, Zimt und Salz abschmecken.

Bierzupp (Biersuppe)

¾ l Wasser, ¾ l Milch, 1 Zimtstange, 1 Teel. Salz, 5 Eßl. Mehl, ½ l helles Bier, 7 Eßl. Zucker, 3 Eier.

Wasser und Milch werden zum Kochen gebracht, Salz und Zimt dazugegeben. Das Mehl wird mit Bier angerührt und unter ständigem Rühren zur heißen Flüssigkeit gegeben. Unter ständigem Rühren soll die Suppe eine Viertelstunde kochen, zum Schluß wird der Zucker zugegeben. Eiweiß vom Eigelb trennen, mit einer Prise Zucker zu Schnee schlagen. Das Eigelb in einer Schüssel zerschlagen, die heiße Suppe unter ständigem Rühren darübergegeben. Eischneeflöckchen auf die heiße Suppe setzen und bei geschlossenem Deckel fest werden lassen.

Aufpassen! Mehl nicht zu dunkel werden lassen!

Jebrannte Mählzupp (Mehlsuppe) (Maria-Hilf-Zupp)

4 Eßl. Mehl, 1 l Milch, 2 Eier, Zucker, Salz, 1 Eßl. Butter.

Das Mehl wird in einem Topf ohne Fett goldbraun geröstet, dann wird nach und nach die heißgemachte Milch dazugegeben, gut durchkochen lassen und vom Feuer nehmen, Zucker, 1 Prise Salz und Butter sowie die verquirlten beiden Eigelb daruntergeben, Eiweiß zu Schnee schlagen, in Flöckchen auf die heiße Suppe im Topf geben, Deckel darauf und im heißen Dampf gar werden lassen.

Kervelzupp (Kerbelsuppe)

400 g Salzkartoffeln vom Vortag, 1 l Fleischbrühe, 4 Eßl. Kerbelblättchen, 2 Eigelb, 1 Tasse süße Sahne, Salz, weißer Pfeffer, 2 Strich Muskat, 1 Eßl. Butter.

Kartoffeln und Fleischbrühe zum Kochen bringen, durch ein Sieb streichen und erneut zum Kochen bringen und würzen, den Kerbel mit dem Wiegemesser feinwiegen, in die Suppe geben, umrühren und vom Feuer nehmen, wenn sie wieder aufwallt. Zum Anrichten Eigelb mit Sahne verquirlen, unter die Suppe ziehen, die Butter obenauf zum Schmelzen geben.

Knübbelcheszupp (Knötchensuppe)

1 l Milch, 2–3 Eßl. Zucker, Mark 1 Vanilleschote,
Salz, 3 Eigelb, ca. 4 Eßl. Mehl.

Milch mit den Gewürzen unter ständigem Rühren zum Kochen bringen, unter das Eigelb so viel Mehl rühren, daß ein ziemlich fester, aber noch flüssiger Teig entsteht. Diesen mit einem Löffel in die leicht kochende Milch tropfen lassen und die Suppe auf kleinster Flamme garen.

Knüdelcheszupp (Klößchensuppe)

2 Eßl. Butter, Mehl nach Bedarf, 1 l Milch, 3 Eßl.
Zucker, Salz, 3 Eier, 1 Strich Muskatnuß.

Butter und Mehl im Topf zu einer leichten Schwitze verarbeiten, mit heißer Milch ablöschen, Zucker und 1 Prise Salz dazugeben und ca. 10 Min. auf kleinster Flamme bei häufigem Rühren köcheln lassen. Die Eier mit dem Schneebesen schaumig schlagen, etwas salzen und 1 Strich Muskatnuß dazugeben, dann löffelweise so viel Mehl unterrühren, so daß ein fester Teig entsteht. Diesen teelöffelweise abstechen und in die Suppe geben, weiter kochen lassen, bis die Knüdelches gar sind.

Jäsch met Prumme (Graupen mit Backpflaumen)

150 g Graupen, 300 g Backpflaumen (Kurpflaumen),
2 Eßl. Butter, 2 Eigelb, 3 Eßl. Zucker, Schale 1 Zitrone,
Salz, 1 Schuß Moselwein.

Graupen, Backpflaumen, Butter und Zitronenschale in einen Topf mit ca. 1½ l Wasser geben, garkochen, mit Zucker und Salz abschmecken, Zitronenschale herausnehmen, und mit dem geschlagenen Eigelb binden. Wein hinzufügen.

Im Sommer
kalt essen

Brutzupp (Brotsuppe)

200 g altes Schwarzbrot, 300 g Dörrobst (gemischt), 50 g Rosinen, 2–4 Eßl. Zucker, ½ Stange Zimt, 5 Nelken, 1 Prise Salz, 3 Eßl. Johannisbeer- oder Himbeergelee, ¼ l Rotwein, 1 Eßl. Stärkemehl.

Das Trockenobst wird über Nacht eingeweicht, mit dem Einweichwasser, etwas Zucker und einem Bröckchen Zimt gargekocht. Das ebenfalls eingeweichte Schwarzbrot wird im eigenen Einweichwasser, dem Rest Zimt und den Nelken in einem zweiten Topf gekocht. Beides dauert etwa 1½ Stunden. Ist das Brot ganz weich, wird es in ein Sieb getan und durchpassiert, dann wieder in den Topf getan, dem man die Rosinen, das Gelee und das inzwischen ebenfalls gare Dörrobst beigibt. Mit Stärkemehl wird die Suppe angedickt, mit Salz und Zucker abgeschmeckt, noch weitere 10 Minuten bei ständigem Rühren köcheln lassen. Zum Schluß wird der Rotwein in die Suppe gegeben.

Wingzupp (Weinsuppe)

4 Eßl. Sago, 1 Stange Zimt, ¾ l Weißwein (möglichst würziger Mosel), 6 Eßl. Zucker, Salz, 2 Nelken, 2 Eier.

Sago im Sieb unter fließendem Wasser waschen, mit Zimt, Nelken und gut ¼ l Wasser ca. 1 Stunde lang auf kleinster Flamme kochen. Ist der Sago ganz glasig, dann Wein, Zucker und etwas Salz zugeben, die Suppe noch einmal heiß werden lassen, jedoch nicht kochen. Eiweiß wird vom Gelb getrennt und zu steifem Schnee geschlagen, Eigelb mit etwas Zucker und einem Glas Wein in der Suppenschüssel kräftig schlagen und unter ständigem Rühren die Suppe darübergießen, vom Eischnee abgestochene Bällchen auf die Suppe geben.

Jestoße Kaneel
drüwer sträue

Worbelezupp (Blaubeersuppe)

*500 g Blaubeeren, 1/4 Stange Zimt, 4 Eßl. Zucker,
2 Zwiebäcke oder 1/2 altes Brötchen, 1 Glas Rotwein.*

Blaubeeren verlesen, waschen und abtropfen lassen, mit Zimt, Zucker, Zwiebäcken oder Brötchen sowie 1 Tasse Wasser unter häufigem Umrühren zu Mus verkochen, zum Schluß den Rotwein dazugeben und sofort in eine Schüssel zum Abkühlen geben.

Kann man auch
mit schwarzen
Johannisbeeren machen!

Notizen & weitere Rezepte:

Bröckcher:
Altes Weißbrot in Scheiben schneiden, dann würfeln. In der Eisenpfanne nicht zu wenig Butter heiß machen, Würfel hineintun und von allen Seiten kross rösten. Die Bröckcher erst direkt vor dem Essen auf die Suppe geben.

fig. 2

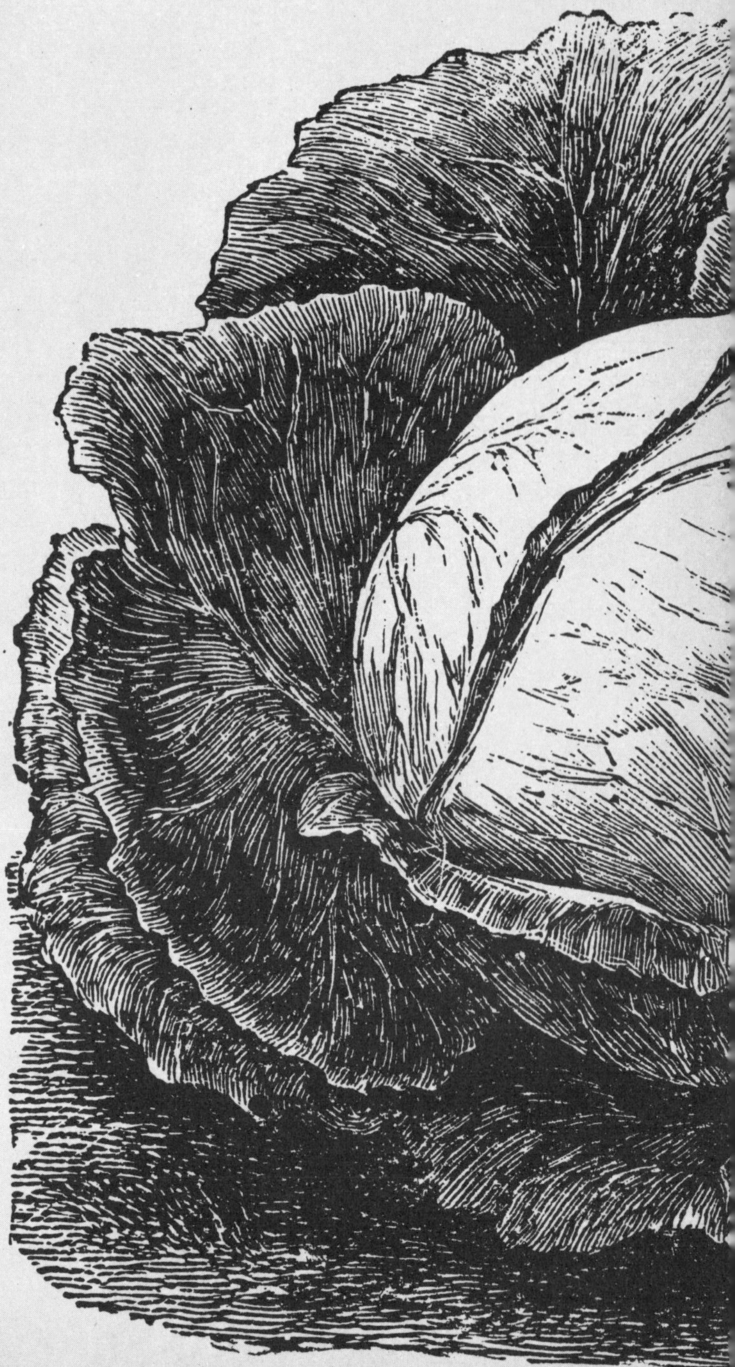

Salate (Dr Schlot)

Dr Schlot (Salate)

Auch der Großstädter hatte früher hinterm Haus seinen eigenen Garten. Selbst in der Kölner Altstadt, die von den Ringstraßen umgrenzt ist, gab es noch vor hundert Jahren genügend Platz für den Bürger, die eigenen Kräuter und den Salat anzubauen. Und waren die Vorräte aufgebraucht, lieferten die „Kappesboore“ (Kohlbauern), deren Höfe vor den Toren der Stadt lagen, auf dem Markt genügend Nachschub. Salat und Kraut waren entsprechend billig, im Gegensatz zu Fleisch und Fisch. Feldsalat, Endivie, Kraut, aber auch Gurken, bildeten die saisonbedingten Grundlagen für die Salate; mit Salzkartoffeln serviert waren sie mittags und abends Hauptnahrungsmittel der ärmeren Bevölkerung, in den Bürgerhäusern gab es zum Abendbrot häufig Spegeleier met Ädäppele un Schlot (Spiegeleier mit Kartoffeln und Salat). Darüber hinaus verstand es die rheinische Hausfrau, zu Feiertagen ganz besonders leckere Salate zu zaubern.

Et Beß vun allem

Ädäppelschlot (Kartoffelsalat)

Die Gleueler Öhm schlug jedesmal die Hände über dem Kopf zusammen, wenn ihre jüngste Enkelin, gerade verheiratet, Kartoffelreste in Scheiben schnitt, einen Klatsch „Matschenäs“ aus dem Glas darunterrührte und das ihrem Mann als Kartoffelsalat servierte. Ein solches Rezept kam ihr vor wie die Mondlandung der Astronauten aus einer Welt, in der man nur noch konsumierte und darüber zu genießen verlernt hatte. Wenngleich sie die Vorzüge der Elektrizität sehr zu schätzen wußte, ging ihr doch nichts über den geliebten großen Kohleherd, auf dem allein zumindest das Festtagsessen besonders gut gelang, „wege de Hetz“, wie die Gleueler Öhm ihre Kunstfertigkeit umschrieb, die Hitze im Herd genau zu regulieren. Am Rande ihres Herdes aber mußte jener Ädäppelschlot ziehen, der ihr stets unvergleichlich gelang.

1 kg festkochende Salatkartoffeln, 125 g fetter Speck, 2 Zwiebeln, 3–4 Eßl. feinsten Weinessig, Salz, weißer Pfeffer, evtl. etwas Fleischbrühe.

Die gekochten Pellkartoffeln werden heiß gepellt, in Scheiben geschnitten und in eine Schüssel getan. Der Speck wird in feine Würfel geschnitten und scharf ausgebraten. Feingehackte Zwiebel, Essig, Salz, Pfeffer über die Kartoffeln geben und (falls diese zu viel Flüssigkeit aufsaugen) etwas Fleischbrühe dazugeben, den ausgelassenen Speck mit dem Fett daruntermengen und den Salat an einer Herdecke zum Ziehen warmhalten. Dazu ißt man gebackenen Fisch, Spiegeleier oder auch Fleisch.

Hirringsschlot (Heringssalat)

Heringssalat kennt man in vielen Variationen, doch jedes andere Rezept darf man getrost vergessen, wenn man einmal die rheinische Version probiert hat. Als Zwischengericht oder auf dem Kalten Buffet ist er selbst in feinster Gesellschaft willkommen. Weihnachten gibt es ihn in vielen Familien. Der Salat macht zwar viel Arbeit, sollte mindestens 24 Stunden vorher zubereitet werden, aber dafür schmeckt er auch besonders gut.

3 Eidotter, 1/4 l geschmackneutrales Olivenöl, etwas Zitronensaft, 1–2 Eßl. Estragonessig, 8 Heringsfilets, 4 mürbe, saure Äpfel, 500 g Pellkartoffeln (festkochend), 4 Gewürzgurken, 1 gekochte rote Rübe, 500 g Rindfleisch, 100 g geriebene Walnußkerne, 1/4 l saure Sahne, Zucker, Salz, Kräuteressig, schwarzer Pfeffer; zum Garnieren frische Petersilie und 4 hartgekochte Eier.

Jet för Schmecklecker

Eidotter mit einigen Tropfen Zitronensaft mit dem Schneebesen schlagen, Olivenöl und Estragonessig unter ständigem Schlagen eintröpfeln, daß eine nicht zu feste Mayonaise entsteht. Vom Rindfleisch eine Brühe kochen (diese anderweitig verwenden), das Fleisch von Sehnen und Fett befreien, in kleine Würfel schneiden, Heringsfilets wässern, entgräten und fein würfeln. Auf die gleiche Art Äpfel, Pellkartoffeln, Gurken und rote Rübe vorbereiten. Mayonnaise mit der Sahne verrühren, Zwiebeln darunterreiben und mit den Gewürzen abschmecken. Alle zerkleinerten Zutaten unter die Soße heben, den Salat ziehen lassen. Aus der Schüssel auf eine Platte stürzen, glattstreichen, mit Petersiliensträußchen und den in Scheiben geschnittenen hartgekochten Eiern servieren. Dat schmaat wie Taat!

Kreßdaach-Schlot (Weihnachtssalat)

Rühmt auch jede kölsche Hausmutter: „Mer han Kreßdaach en jeföllte Jans un och en Schink", so bereitet sie doch ebenso gere einen besonderen Weihnachtssalat, der in vielen Familien an „Hillichovend" serviert wurde.

200 g Kalbsbraten, 100 g harte Mettwurst, 1 Heringsfilet, 250 g mürbe, säuerliche Äpfel, 500 g gekochte Pellkartoffeln, 4 Gewürzgurken, je ½ Tasse saure Sahne und Fleischbrühe, je 20 Walnuß- und Haselnußkerne, 1 gekochte rote Rübe, 4 Eigelb, ¼ l feinstes Olivenöl, Kräuter- oder Weinessig, Salz, weißer Pfeffer, ½ Teel. milder Senf, Petersilie und 2 hartgekochte Eier zum Garnieren.

Aus Eigelb, Öl und Essig eine Mayonnaise rühren, mit Senf, Salz und Pfeffer abschmecken. Die Salatzutaten in kleine Würfel schneiden, Zwiebeln feinhacken, in eine Schüssel geben und mit der Fleischbrühe anfeuchten, dann Mayonnaise und saure Sahne darübergießen und alles miteinander vermischen. Einige Stunden ziehen lassen, evtl. nachwürzen. Nußkerne reiben, Petersilie und Eier hacken, diese drei Sachen getrennt in schönen Verzierungen über den Salat streuen.

Wießebunnenschlot (Weiße-Bohnen-Salat)

250 g weiße Bohnen, 75 g durchwachsener Speck, 1 Zwiebel, 2–3 Eßl. feinsten Weinessig, Salz, weißer Pfeffer, evtl. etwas Fleischbrühe.

Die weißen Bohnen werden über Nacht eingeweicht, dann in leichtem Salzwasser gargekocht und über ein Sieb geseiht. Den Speck feinwürfeln und in der Pfanne scharf ausbraten. Die Bohnen noch heiß in eine Schüssel geben, feingehackte Zwiebel, Essig, Salz und Pfeffer daruntermengen; sollten sie zu viel Flüssigkeit aufsaugen, etwas Fleischbrühe dazugeben, den Speck mit dem Fett dazutun und gut vermengen. Am Herdrand wird er warmgehalten bis zum Essen.

Stockfärv-Salat (Leberwurst-Salat)

Dies ist eine besondere Spezialität aus Düsseldorf. Ursprünglich hieß die Sache „Wießer Hannes", „Weißer Hans" also, der Leberwurst wegen mit dem weißen Fettkagen, der unter der Pelle saß. Da nach dem Krieg der Fettkragen aus der Wurst verschwand, tauften Lokalpatrioten die Wurst in „Stockfärv" um, hatte die Nachkriegs-Leberwurst doch genau die Farbe des Fensterkitts angenommen. Der Name ist geblieben. „Stockfärv in Essig und Öl" sagt man noch heute in Düsseldorf, wenn man den Leberwurstsalat meint.

250 g feste, möglichst geräucherte Leberwurst, 2 Lorbeerblätter, 20 Senfkörner, 3 Zwiebeln, Salz, schwarzer Pfeffer, 2 Eßl. Kräuter- oder Weinessig, Salatöl.

Die Leberwurst wird enthäutet und in Scheiben geschnitten, die Zwiebeln entweder in dünne Ringe schneiden oder feinhacken, mit den Gewürzen zu den Wurstscheiben geben, mit Essig und Öl übergießen und vermischen. Der Salat sollte 24 Stunden im Kühlschrank ziehen. Er schmeckt besonders gut zu einem klaren Schnaps und wird mit Schwarzbrot gegessen.

Schlotkump
met Knufel usriew!

Andiveschlot (Endiviensalat)

1 Endivie, 1 Zwiebel, 2 Pellkartoffeln, 5 Eßl. Rüböl, 6 Eßl. Kräuteressig, Salz, Pfeffer.

Die Kartoffeln werden in der Schale zum Kochen gebracht. Kurz bevor sie gar sind, wird die Endivie verlesen, in Streifen geschnitten und gewaschen. Während sie im Sieb abtropft, die garen Kartoffeln pellen, Salatsoße aus Essig, Öl, Salz, Pfeffer bereiten, Endivienstücke darauf tun und die heißen zerkneteten Kartoffeln daruntermischen. Alles gut untereinanderheben und möglichst bald servieren. Zusammen mit Salzkartoffeln war der Andiveschlot früher Mittagsmahlzeit vieler Kölner.

Eine Variante kommt aus dem Bergischen Land, wo sie vor allem auf Bauernhöfen gegessen wurde.

2 Pellkartoffeln, 125 g fetter Speck, 1 Endivie, 1 Zwiebel, 1 Eßl. Mehl, Salz, Pfeffer, Weinessig, etwas Zucker.

Der Speck wird kleingewürfelt und in der Pfanne ausgelassen, darin die feingehackte Zwiebel glasig werden lassen, dann Mehl hinzugeben, diese Schwitze mit Wasser ablöschen und die Gewürze hinzufügen. Der kleingeschnittene Salat und die geriebenen Pellkartoffeln kommen in die heiße Soße.

Tante Agnes im Bergischen hobelt 2 Pellkartoffeln unter den Salat

Komkommereschlot (Gurkensalat)

1 Salatgurke, 2 Eßl. Salatöl, 2 Eßl. Kräuteressig oder Estragonweißer, Salz, Pfeffer, 1 Prise Zucker, nach Geschmack frischen Dill, Schnittlauch oder Petersilie.

Essig und Öl mit den Gewürzen zu einer Marinade schlagen, die Gurke schälen, in eine Schüssel hobeln, nach Geschmack Kräuter dazugeben, mit der Marinade übergießen und durchmengen.

Kappesschlot (Kohlsalat)

1 kleiner Weißkohlkopf, 4 Eßl. Estragonessig, 2 Zwiebeln, 1 Teel. Salz, 3 Prisen weißer Pfeffer, 125 g fetter Speck.

Kohlkopf halbieren, Strunk entfernen und feinraspeln. Ist der Kohl noch jung und frisch, wird er roh genossen, sonst muß er in leichtem Essigwasser abgebrüht oder mit dem großen Holzklopfer weichgeklopft werden. In der Stilpfanne die Speckwürfel auslassen, Essig und Gewürze dazugeben und heiß über den Kohl geben, dem noch die feingehackten Zwiebeln beigefügt werden.

Zu gekochtem Rindfleisch besonders lecker

Krote (Rote Beete)

1 kg Rote Rüben, 1 Teel. Kümmel, 3 Zwiebeln, 6 Nelken, 15 schwarze Pfefferkörner, ½ Teel. Koriander, 1 Stück Meerrettich, 1 Stück Ingwerwurzel, 2 Eßl. Zucker, 2 Teel. Salz, 8 Eßl. Weinessig, ½–1 Tasse Rotwein.

Rote Rüben waschen und gründlich abschrubben, Wurzeln daranlassen und nur Blätter bis auf ca. 3 cm abschneiden (so bleibt der Saft in den Knollen), in leicht gesalzenem Wasser mit dem Kümmel gar kochen; nicht mit der Gabel hineinstecken, sie sind gar, wenn sie sich weich anfühlen. Abschrecken und abkühlen lassen, schälen und in feine Scheiben schneiden, evtl. mit dem Bundmesser, um hübsche Zacken zu bekommen. Die Scheiben in einen Steintopf legen, dazwischen jeweils Lagen mit Zwiebelscheiben und den Gewürzen, zum Schluß Essig und Rotwein übergießen, so daß die Rote Rüben bedeckt sind, 2 Tage ziehen lassen, dann verzehren. Sollen sie länger aufbewahrt werden, muß ca. je ¼l Essig und Rotwein aufgekocht werden, die heiß über die Roten Rüben gegossen werden.

Zellereischlot (Selleriesalat)

500 g Sellerieknollen, 500 g Salatkartoffeln, 4–5 Eßl. Essig, 4 Eßl. Öl, 1 Teel. Zucker, Salz, Pfeffer, 1 Zwiebel.

Sellerie gründlich waschen und weichkochen, dann schälen; Pellkartoffeln kochen und pellen, beides dann in gleich große Stücke schneiden. Zwiebel feinhacken, von Essig, Öl und Gewürzen Marinade anrühren, die anderen Zutaten untermengen und den Salat mindestens 2 Stunden durchziehen lassen.

fig. 3

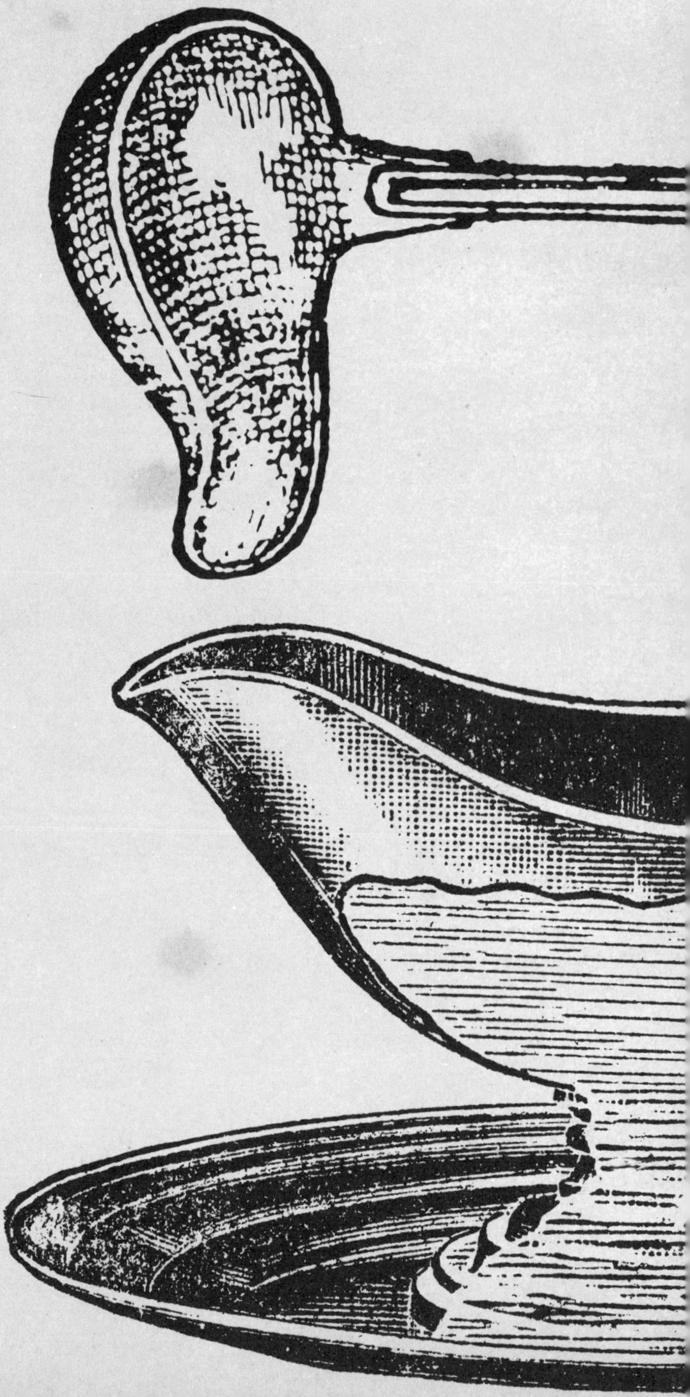

Soßen (De Zaus)

De Zaus (Die Soße)

„E lecker Zäusje", eine leckere Soße, liebt der Rheinländer zu seinem Braten, auch wenn in der normalen Küche davon nicht so viel Aufhebens gemacht wird wie beispielsweise bei den Franzosen. Grundlage dafür bildet stets der Bratensatz, in dem einige Zwiebeln mitgeschmort werden. Aufgefüllt wird mit Wasser oder - seltener - mit Fleischbrühe, angedickt mit Mehl oder Stärkepuder. Während heute in vielen Haushalten Salz und Pfeffer die einzig genutzten Gewürze für die Soße sind, wurde früher mit sensiblerer Zunge abgeschmeckt. Mitgekocht wurde stets eine Petersilienwurzel, oft auch eine Möhre; Majoran, Muskatnuß, aber auch Piment und das Lorbeerblatt sorgten für Geschmacksnuancen. Ein Schuß Cognac gehörte auch schon mal dazu, etwas Sherry oder ein Schuß Essig.
Nun zählte auch in den Bürgerhäusern Kölns der Braten nicht zum Alltagsgericht. Wo neben dem Eintopf das jestuvte Gemüse einmal nicht genügend Flüssigkeit für das Essen lieferte, wurden einige besondere Soßen gekocht. Auch sie waren, sieht man von der, besonderen Festessen vorbehaltenen, Holländischen Soße einmal ab, recht einfach, wie unsere Beispiele zeigen.

Jet Thymian dran dun

Öllichzaus (Zwiebelsoße)

4-5 große Zwiebeln, 100 g Speck, 2 Eßl. Mehl, Essig, weißer Pfeffer, Salz, Fleischbrühe oder Wasser.

Speck in möglichst kleine Würfel schneiden, unter fleißigem Rühren in der Pfanne langsam goldgelb anbraten. Die geschälten Zwiebeln würfeln und ebenfalls in der Pfanne bräunen, das Mehl dazugeben und braun schwitzen lassen, mit Fleischbrühe oder Wasser ablöschen, mit Salz, Pfeffer und Essig abschmecken und gut durchkochen lassen.

Wieße Öllichzaus (Weiße Zwiebelsoße)

1 Eßl. Butter, 2 Eßl. Mehl, 4 Zwiebeln, Salz, weißer Pfeffer, Essig, Fleischbrühe oder Wasser.

Butter in der Pfanne erhitzen, Mehl darin hellgelb schwitzen, kochende Brühe oder Wasser hinzugeben, darin dann die feingewürfelten Zwiebeln gar kochen. Zum Schluß mit Salz, Pfeffer und Essig mild abschmecken.

Mostertzaus (Senfsoße)

6 Eßl. Butter, 4 Eßl. Mehl, 1/4 l Milch, 1 Eßl. scharfer Senf, Salz, 1/2 Fleischbrühe oder Fischsud.

In der heißen (nicht braunen) Butter wird das Mehl hellgelb geschwitzt, dann mit Brühe oder Sud (je nachdem, zu welchem Gericht die Soße gegeben werden soll) und der Milch abgelöscht, einige Minuten kochen lassen. Zum Schluß den Senf darunterrühren und nach Bedarf salzen.

Mairiedichjezaus (Meerrettichsoße)

2 Eßl. Butter, 3 Eßl. Mehl, 1/4 l Fleischbrühe, 1 Tasse sauren Rahm, 3 Eßl. Meerrettich, Salz, Essig, Zucker.

In der ausgelassenen Butter wird das Mehl hellgelb geschwitzt, mit der Fleischbrühe abgelöscht. 10 Min. auf kleiner Flamme kochen lassen. Dann den Meerrettich dazugeben, weitere 5 Min. am Herdrand ziehen lassen, dann den sauren Rahm und die Gewürze dazugeben.

Das Lippenfleisch, in Scheiben geschnitten, gibt mit dieser Soße eine gute Mahlzeit.

Darf net koche!

Holländerzaus (Holländische Soße)

3 Eigelb, 150 g Butter, Salz, Pfeffer, ½ Zitrone, 2–3 Strich Muskat.

Eigelb mit 2 Löffeln Butter in eine Kasserolle geben, diese in heißes Wasser stellen, das Eigelb so lange mit dem Schneebesen schlagen, bis es dicklich wird, dann in kleinen Stückchen die restliche Butter unterschlagen, mit den Gewürzen abschmecken und die Soße bis zum Auftragen im Wasserbad warm halten.

Et schmeck nixe besser
als wat mer selber iss

Notizen & weitere Rezepte:

fig. 4

Fleisch und Geflügel

Fleisch und Geflügel

In früheren Zeiten war in der normalen Kölner Küche das Fleisch ein ausgesprochener Luxus. Wem die Frau jeden Sonntag einen Braten vorsetzen konnte, galt schon als gestandener Mann, und selbst bei den reichen, den Ton in der Stadt angebenden Bürgern gehörte der Braten nicht auf den täglichen Küchenzettel. So haben sich für Schweine- oder Rinderbraten – vom typischen Rheinischen Sauerbraten einmal abgesehen – kaum Spezialrezepte entwickelt. Täubchen, Kaninchen, die fast jeder im Garten hatte, oder ein Huhn, das zu alt zum Eierlegen geworden war, kamen zu besonderen Anlässen auf den Tisch. Obligatorisch bis heute geblieben ist die Weihnachtsgans, die mit Kastanien und Äpfeln gefüllt werden muß, dazu gibt es Rotkraut. Ansonsten versuchte jede Hausfrau, aus jedem „Fitzchen" noch etwas Leckeres zu zaubern. Ein Beispiel: Die Sülze, die aus Schnauze und Ohren der frisch geschlachteten Schweine zusammen mit Gürkchen und vielen Gemüsen gekocht und zu Bratkartoffeln gegessen wurde.

En kölsche Tillekateß!

Soorbrode (Rhein. Sauerbraten)

Ein Sauerbraten steht zwar auf fast allen Küchenzetteln, doch wer den „Soorbrode" noch nicht probierte, weiß nicht, wie Sauerbraten wirklich schmeckt. Hier kommt es vor allem auf die Zutaten an, die Gewürze, auch für die Marinade, sie sollten frisch sein. Die Dosierung sollte möglichst genau sein, sie bestimmt letzten Endes den Geschmack. Übrigens: Wenn Sie Ihren Gästen nicht verraten, daß sie Ihren Sauerbraten beim Pädsmetzger (Pferdemetzger) gekauft haben, dann wird Ihr Ruf als Meister des Sauerbratens sich in Windeseile verbreiten. Weit über Köln hinaus für seinen Sauerbraten bekannt war Pädsmetzger August Pitsch, der zuletzt auch eine Spezial-Gaststätte für Surbrode hatte. Und so geht das Rezept:

1 kg Pferde- oder Rindfleisch (Schulter, Nuß oder Oberschale)
Marinade: ½ l Wasser, ¼ l guten roten Weinessig, 1 Teel. Salz, 3 Zwiebeln, 1 Möhre, 5 Nelken, 10 Wacholderbeeren, 10 Pfefferkörner, ½ Teel. Senfkörner,

2 Lorbeerblätter, je 1 Messerspitze Koriander und Majoran, 1 Teel. Rosmarinblätter (getrocknet).
Soße: 200 g Rosinen, 50 g Korinthen, 2 Zwiebeln, 1–2 Sauerbraten-Printen, 1 Eßl. Apfelkraut (Apfelsirup), Salz, schwarzer Pfeffer, ⅛ l saure Sahne.
Zum Anbraten: 100 g Talg oder Sonnenblumenöl.

Wasser und Essig werden mit den Marinade-Zutaten aufgekocht, die abgekühlte Marinade über das Fleisch gegossen, den Braten mindestens 3 Tage an kühlem Ort unter mehrfachem Wenden marinieren lassen. Das Fleisch dann herausnehmen, gut abtrocknen und im eisernen Schmortopf in möglichst heißem Fett von allen Seiten anbraten. Rosinen, Korinthen und 2 kleingehackte Zwiebeln ca. 15 Minuten mitschmoren, dann von der Marinade (gut schmeckt auch ein Schuß nicht zu trockener Rotwein dazu) zufügen und garen. Später das Apfelkraut dazugeben und zum Schluß so viele Printen, daß eine sämige Soße daraus entsteht, schließlich noch salzen, pfeffern und mit der Sahne verfeinern. Dazu ißt man am Rhein entweder Kartoffelklöße oder auch Rievkoche (Reibekuchen), auf jeden Fall gehört als Beilage Apfelmus dazu.

Eifeler Sauerbraten

In manchen Teilen der Eifel, vor allem aber in der Gegend um Düren, wird der Sauerbraten aus einem mageren Stück Schweinefleisch gemacht. Die Zubereiungsweise ist jedoch gleich der Art, wie er in Köln gemacht wird.

Müssen jung sein

Duve (Täubchen)

Duve waren seit Jahrhunderten die Haustiere vieler Kölner Familien, vor über 150 Jahren gab es bereits sonntagsmorgens einen Taubenmarkt. Ist das Züchten von Brieftauben heute in erster Linie auch ein Sport geworden, „jebrode Duve“ gelten immer noch als Leckerbissen.

4 junge Tauben, 200 g fetten Speck, 150 g Butter, einige Blättchen frischen Estragon, Salz, weißer Pfeffer.

Den ausgenommenen Tauben werden die Füße an den Gelenken abgeschnitten, gewaschen, gut abgetrocknet, mit Salz und Pfeffer eingerieben. Die Flügel müssen auf dem Rücken zusammengesteckt werden. Die Hälfte der Butter wird flüssig gemacht, die Estragonblättchen hinzugegeben und damit die Tauben innen dick eingepinselt. Sie werden dann mit dünnen Speckscheiben umwickelt. In einem Bräter wird die Butter erhitzt, die Tauben hineingegeben und auf leichter Flamme bei geschlossenem Deckel etwa ½ Stunde lang hell gebraten. Dabei müssen sie häufig begossen und gewendet werden. Der Bratensatz wird mit etwas Fleischbrühe gelöst und zu einer weißen Soße verarbeitet.

Frikadellche (Klopse)

Frikadellche waren ursprünglich in Köln ein reines Resteverwertungsgericht. Hier solch ein altes Rezept:

auf Partys immer ein Erfolg: gekochte Petersilie untermengen

500 g Braten- und Suppenfleischreste, durch den Fleischwolf gedreht, Füllung 1 kleinen Leberwurst, 3 Scheiben altes Weißbrot, 2 Eier, 2 geriebene Zwiebeln, Salz, Pfeffer.

Im Bergischen Land nahm man für jene „Fricandellen", wie sie in alten Kochbüchern genannt wurden, noch eine gekochte Kartoffel mit in den Teig. Diesen Tip sollte man mit übernehmen, wenn man, wie heute jede rheinische Hausfrau, frisches Hackfleisch als Grundlage nimmt:

200 g Tatar (mageres Ochsenhack), 200 g Schweinemett, 2 alte Brötchen, 3 Eier, 3 Zwiebeln, 1 kalte Pellkartoffel, Salz, 2 Strich Muskat, Pfeffer, Schmalz zum Ausbacken.

Die Kruste der Brötchen wird abgerieben, der Rest in Wasser eingeweicht. Das Hackfleisch in eine Schüssel geben, die Zwiebeln feingehackt oder gerieben dazugetan, dann die ausgedrückten Brötchen, das Abgeriebene, die mit der Gabel zerdrückte Pellkartoffel, Salz, Pfeffer, darüber die durchgequirlten Eier. Alles wird zu einem festen Teig verarbeitet, evtl. nachwürzen. Daraus werden längliche oder runde und flache Frikadellche geformt, die in der Stilpfanne in heißem Schmalz von beiden Seiten braungebacken werden. Dazu gibt es Rotkohl, Kohlrabi, Möhren usw.

Hämmche met soore Kappes (Eisbein mit Sauerkraut)

Eine kölsche Lieblingsspeise, die es auch in jedem Brauhaus gibt.

4 gepökelte Hämchen (das sind die Stücke zwischen Knie und Schinken), 3 Zwiebeln, 2 Lorbeerblätter, je 10 Wacholderbeeren und schwarze Pfefferkörner, 3 Gewürznelken; 1 kg Sauerkraut, 6 Wacholderbeeren, 2 Zwiebeln, 1 saurer Apfel, Salz, weißer Pfeffer, etwas herber Weißwein, 100 g Schweine- oder Gänseschmalz.

Die Hämmchen werden gewaschen, abgetrocknet und mit den angegebenen Gewürzen in einen Topf getan; so viel kochendes Wasser darauf geben, daß das Fleisch bedeckt ist, auf kleiner Flamme gar sieden lassen. Die Kochzeit ist höchst unterschiedlich, das Fleisch ist gar, wenn es fast vom Knochen und dem Fettpolster fällt. Gleichzeitig in einem zweiten Topf das Schmalz heiß werden lassen, Sauerkraut dazugeben und leicht anschmoren, dann Äpfel und Gewürze beifügen, mit Wein ablöschen, ebenfalls auf kleiner Flamme gar werden lassen. Ist alle Flüssigkeit verdunstet, kann etwas von der Hämmchenbrühe dazugegeben werden. Das Sauerkraut soll zum Schluß jedoch möglichst trocken sein. Die garen Hämmchen werden auf einer Platte serviert, dazu das Sauerkraut gereicht. Man ißt Kartoffelbrei dazu.

Hämmchenbrühe aufbewahren,
gibt prima Grundlage
für weiße Soßen

Hammelbrode (Hammelbraten)

In den alten Kölner Haushaltungen gehörten Hammel, Pferd oder Ziege genau so zu den Fleischlieferanten wie Rind und Schwein. Heute ist die Küche eintöniger. In den Fleischabteilungen der Kaufhäuser und großen Supermärkte bekommt man jetzt häufiger Hammelkeule, tiefgefroren zwar, aber für einen rheinischen Hammelbraten eignen sie sich recht gut.

1 kg Hammelschlegel, 2 Eßl. Schmalz, 3 dicke Zwiebeln, 2 Knoblauchzehen, 1 Eßl. Mehl, 3 Nelken, 2 Lorbeerblätter, je 1 Teel. Estragon und Rosmarin, 6 Wacholderbeeren, Salz, schwarzer Pfeffer, 1/4 l Fleischbrühe oder Wasser, 1 Tasse saure Sahne, 1 Schuß Rotwein.

Alte Kochbücher empfehlen, das Fleisch kräftig zu klopfen und auszubeinen. Den Knochen sollte man jedoch darinlassen, und Klopfen ist nötig nur bei einem alten Hammel. Das Fett darf auf keinen Fall abgesäbelt werden. Nach dem Waschen und Abtrocknen wird die Haut vorsichtig entfernt, das Fleisch mit Knoblauchstückchen gespickt sowie mit Salz und Pfeffer eingerieben. Das Schmalz im Bratentopf erhitzen und darin den Schlegel von allen Seiten gut anbraten, Zwiebelringe dazugeben, leicht anrösten und dann das Mehl darüberstäuben, Lorbeerblätter dazufügen und mit Rotwein ablöschen, etwas Fleischbrühe sowie die Gewürze (Kräuter möglichst frisch) dazugeben. Langsam schmoren lassen, den Braten dabei häufig begießen. Ist er gar, herausnehmen und heißstellen, von der Soße evtl. überschüssiges Fett abschöpfen, durch ein Sieb seihen und die Sahne darunterschlagen.

Dat schmeck jot
met Röbebeß un
Ädäppele

Zizies/Heete Wei (Bratwurst im Schlafrock)

Dieses Rezept stammt aus einem bergischen Spezial-Kochbuch:

8 frische Bratwürste, 1 kg Weizenmehl, ½ l Milch, 1 Paket Hefe, 2 Eier, 3 Eßl. Butter, Salz, ½ Teel. Zucker.

Die Bratwürste, am besten eignen sich frische Mettwürste in Naturdarm, werden einige Minuten lang gebrüht und beiseite gestellt. Die in etwas Milch und Zucker aufgelöste Hefe wird mit Mehl zu einem Brei (Vorteig) verrührt, der am Herdrand gären muß, bis sich Risse zeigen, nach und nach dann die übrigen Zutaten unterarbeiten. Der Teig wird mit der flachen Hand bearbeitet, bis er nicht mehr klebt, tüchtig schlagen und schließlich flach ausrollen und in so große Vierecke schneiden, daß die Bratwürste darin ganz eingewickelt werden können. Etwas Eigelb mit Milch verquirlen, damit den Teig zukleben, die Heete Wei auf dem Backblech noch einmal gehen lassen und mit dem Rest Eigelb bestreichen. Bei Mittelhitze (ca. 200°) goldgelb backen.

Stallhas (Kaninchen)

Häufig wird der Stallhas ganz (bei jungen Tieren) oder in Stücke zerlegt gebraten wie jedes andere Fleisch auch. Viel delikater schmeckt er jedoch mariniert, wie Jöttchen ihn immer machte:

1 Kaninchen, Beize: ½ l Kräuteressig, ⅛ l Wasser, 2 Zwiebeln, ½ Sellerie, 1 Stange Lauch, je 10 schwarze Pfefferkörner, Nelken und Wacholderbeeren, 1 Lorbeerblatt, je 1 Messerspitze Piment, Thymian und Majoran, Schale einer halben Zitrone; zum Braten: 3 Eßl. Bratfett (Schmalzgemisch o. ä.), 3 Zwiebeln, 3 Eßl. Mehl, Salz, weißer Pfeffer, 1 Glas Weißwein.

Das Kaninchen ausweiden, Schlegel, Bug, Rücken, evtl. auch Bauchlappen und Hals abtrennen, enthäuten, Stücke in einen Steintopf legen, Zwiebeln, Sellerie und Lauch kleinschneiden, dazugeben, Pfefferkörner und Wacholderbeeren im Mörser zerkleinern und mit den übrigen Gewürzen dazugeben und mit der kochenden Essig-Wasser-Mischung übegießen; an einem kühlen Ort mindestens 24 Stunden, besser noch

2 bis 3 Tage ziehen lassen. Dann das Fleisch herausnehmen, abtrocknen, mit Salz und Pfeffer einreiben. Das Bratfett erhitzen, darin die Fleischstücke von allen Seiten anbraten, dann wieder herausnehmen. Die kleingehackten Zwiebeln im Fett goldgelb rösten, mit dem Mehl überstäuben und leicht anschwitzen, mit Wein und einem Teil der Beize ablöschen, aufkochen lassen und das Fleisch wieder dazutun, das jetzt auf kleiner Flamme geschmort wird.

Doderbei: Appelkumpot

Pannhas, Knabbeldanz oder Pannasch

Was am Rhein meist „Knabbeldanz“ geheißen, kennt man im Bergischen unter „Pannasch“ und ist das klassische Gericht zum Schlachtfest, das wir auch in Westfalen als „Pannhas“ kennen. In dieser westfälischen Schreibweise ist es auch in Köln recht bekannt gewesen, zumindest solange in den Bürgerhäusern die Hausschlachtung üblich war. Schon Henriette Davidis, die Altmeisterin der Kochkunst, hat im vorigen Jahrhundert Pannhas-Rezepte in ihr Kochbuch aufgenommen, doch so sehr sie sich bei Zebuhöckern, Elefantenfüßen, Schuhwichse oder dem Behandeln von eingeborenen Dienern auskannte, die rheinische Hausmacherküche war offensichtlich nicht ihre besonder Spezialität. Von Jöttchen, einer Patin, kennen wir ein besseres Rezept:

3 l Wurstbrühe, 500 g Rindfleisch, 500 g Schweinebauch, 1/4 Sellerieknolle, 2 Stangen Lauch, 4 Möhren, 4 Zwiebeln, Salz, 1/2 Teel. gemahlene Nelken, Nelkenpfeffer und schwarzen Pfeffer, 1 Teel. Majoran, 500–750 g feinstes Buchweizenmehl.

Die Wurstbrühe ist wichtig wegen des Geschmacks (man erhält sie beim Metzger, es kann ruhig etwas „Satz“ von ausgekochten Würsten darin sein). Sie wird zum Kochen gebracht, mit Sellerie, Lauch, Möhren, Zwiebeln und dem Fleisch so lange gekocht, bis das Fleisch von den Knochen fällt. Suppengemüse und Fleisch herausnehmen, das Fleisch von Knochen und Sehnen trennen (nicht zu viel Fett wegnehmen!), feinschneiden und wieder in die Brühe tun, Gewürze hinzugeben (die Mengenangaben sind nur Anhaltswerte, man soll möglichst kräftig würzen), und wenn die Brühe wieder kocht, so viel Buchweizenmehl (gibt's im Reformhaus) unter ständigem Rühren einlaufen lassen, daß eine sämige Suppe entsteht. Am Herdrand oder unter schwächster Flamme muß der Pannhas dann gut eine halbe Stunde zu einem steifen Brei ausquellen. Der wird dann in irdene Gefäße getan, mit flüssigem Schmalz abgedeckt und an kühlen Ort aufbewahrt (hält sich bis zu 14 Tage). Der Pannhas wird in Scheiben geschnitten, im Schmalz auf beiden Seiten gebraten und heiß serviert. Dazu ißt man Schwarzbrot mit Rübenkraut (Zuckersirup) oder ein deftiges und möglichst frisches Roggenbrot. Manche mögen auch Kartoffelbrei dazu.

Quillt sehr auf, deshalb einen großen Topf nehmen!

Sülze: Schweineohren, Pfötchen und ein Teil des Kopfes (Fett abschneiden) waschen und in Salzwasser zum Kochen bringen, abschäumen, einige Lorbeerblätter, Pfefferkörner, 2-3 Nelken und Nelken=pfeffer zufügen und Fleisch gar kochen. Dann herausnehmen, von den Knochen lösen, kleinschneiden, Brühe durch=seihen, erkalten lassen, Fett ab=schöpfen, mit dem Fleisch wieder aufsetzen, Saft einer Zitrone dazu geben, einkochen lassen, salzen und eventuell noch pfeffern, in eine Schüssel oder Form schütten und kalt stellen, stürzen.
Gut zu Butterbrot mit Senf und sauren Gürkchen, oder zu Ädäppels=schlot.

Achtung! Form vorher mit kaltem Wasser ausspülen!

Notizen & weitere Rezepte:

Noch jet för Soorbrode:
Ne Pädsmetzger met Weetschaff
eß dr Pitsch-Rodenbusch op dr
Alexianerstroß 12
CH

Jot eß och
Weber op dr
Mülheimer Lohmühlenstroß

Echte Sauerbraten-Printen
gibt es bei
Printen-Schmitz,
Breite Str. 87/91 oder
aber auch bei
Printen Lennertz,
Venloer Str. 37.

Notizen & weitere Rezepte:

E fette Köch
gitt e mager Testament

fig. 5

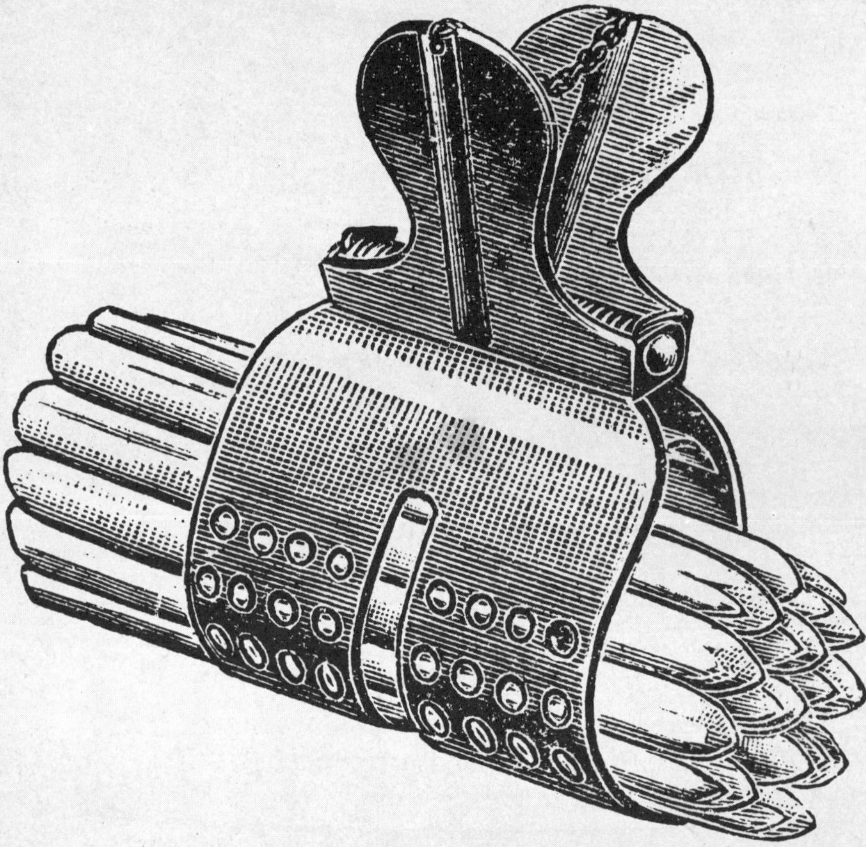

Gemüse (Jemös)

Jemös jehot op jede Desch (Gemüse)

Schaut der Städter auch etwas verächtlich auf die „Bore“ hinab, ihre Erzegnisse aber braucht er allemal. Und ist „ahl Kappesboor“ auch ein gebräuchliches Schimpfwort, gehört andererseits der „Kölsche Boor“ neben dem Prinzen und der Kölschen Jungfrau zu den drei höchsten Repräsentanten im Kölner Karneval. Bereits 1422 wird er in einem Gedicht als eine Art Symbol des kölschen Volkstums erwähnt. Im Mittelalter gab es in Köln fünf „Bauernbänke“, in denen die Bauern der Stadt in zunftmäßigen Genossenschaften zusammengeschlossen waren.

Bei so vielen Bauern in und vor allem vor den Toren der Stadt ist der Tisch des Kölners wie des Rheinländers das ganze Jahr über üppig mit Gemüse gedeckt. Alle Arten Kohl, Bohnen, Lauch, Möhren, Rüben und andere deftige Sorten gab es je nach Jahreszeit reichlich auf allen Märkten, wo sich die Hausfrau besorgte, was im eigenen Garten nicht genügend angebaut werden konnte.

Typisch für die rheinische Küche ist, daß alles Gemüse nicht in viel Wasser gekocht, sonder „jestuv“, also gedünstet wird. Die Hausfrau schmort fast alles erst kurz an und gart es dann auf kleiner Flamme mit nur wenig Flüssigkeit. So schmeckte es dann auch ohne Fleisch, das früher in einfachen Haushalten sowieso nur an Festtagen auf den Tisch kam.

Jänsefett
nemme!

Schavu (Wirsingkohl)

1 kg Wirsing, 100 g Fett, 2 Lorbeerblätter, ½ Teel. Kümmel, Salz, Pfeffer, 1 Eßl. Mehl.

Den Wirsing vierteln, putzen, vom Strunk befreien und in Streifen schneiden. Im heißen Fett anschmoren, dann gut ½ Tasse Wasser daraufgeben, würzen und ca. ¾ Stunde garkochen. Dann das Mehl überstäuben, noch einmal durchkochen lassen und möglichst heiß auf den Tisch bringen.

Jot zo jebrode Flönz un Öllich.

Breitöllich (Breitlauch, Porree)

1 kg Breitlauch, 100 g Butter, 2 Eßl. Mehl, ⅛ l Fleischbrühe oder Wasser, ½ Tasse Sahne, Salz, Pfeffer, Muskat.

Breitlauch putzen, der Länge nach halbieren und unter fließendem Wasser gut säubern. In fingergliedlange Stücke schneiden, in heißem Fett kurz anschmoren, mit Brühe oder Wasser ablöschen und ca. ½ Stunde auf kleiner Flamme garen, würzen. Aus dem Mehl eine helle Schwitze machen, das Gemüse zufügen und noch etwas wallen lassen. Dann den Topf vom Feuer nehmen und die Sahne unterrühren.

Röbstill (Stilmus)

Röbstill, auch Stilmus genannt, ist ein Gericht aus den zarten Stielen der Mairüben. Bereits im Mittelalter wurde es gekocht und für den Spätherbst und Winter in Tonnen eingemacht. Ein solches Faß maß ein dreiviertel Ohm (etwas 100 l). Wenngleich das Einmachen schon seit längerem kaum noch gebräuchlich ist, Röbstillcher ißt man in Köln und am Rhein ab Anfang April bis in den Mai hinein immer noch gerne.

1 kg Rübstiele, Salz, 50 g Butter, 30 g Mehl, ¼ l Milch, Muskat und weißen Pfeffer.

Die Blätter werden von den Rübstielen abgestreift, die Stile in ca. 5 cm lange Stücke geschnitten und in leichtem Salzwasser weichgekocht (ca. 5 Min.), dann in einem Sieb gut abgetropft. Aus Butter und Mehl wird eine helle Schwitze bereitet, die mit der Milch abgelöscht wird, einige Minuten durchkochen, mit Salz, Muskat und Pfeffer abschmekken. Zum Schluß die Rübstiele in die Soße geben und noch kurz durchziehen lassen. Dazu gibt es Salzkartoffeln und Frikadellen oder Bratwürste.

In Bürgerhäusern soll Röbstill auch mit echter Holländischer Soße serviert worden sein.

Decke Bunne (Dicke Bohnen)

„Decke Bunne met Speck, dat hält widder" (das hält vor), sagt man in Köln, und in Herkenrath, ein Ort in der rechtsrheinischen Kölner Umgebung wird die Decke-Bunne-Kirmes gefeiert, wenn Ende Juni/Anfang Juli die ersten Schoten reif werden. Im Rheinland, im Bergischen und auch in der Eifel sind Decke Bunne oder Dicke Buane Leibgericht, sie werden überall ähnlich zubereitet, mancherorts nur die eine oder andere Zutat weggelassen. Am besten dürfte immer noch Jöttchens Hausmacherrezept schmecken:

2½ kg dicke Bohnen, 3 Eßl. Röböl (Rüböl), 2 Zwiebeln, 500 g durchwachsener, leicht geräucherter Speck, 1 Bündel frisches Bohnenkraut, Salz, weißer Pfeffer, 50 g Butter, 40 g Stärkepuder.

Im Rüböl die Zwiebeln andünsten, Bohnen dazugeben und sofort mit Wasser auffüllen, daß die Bohnen gerade bedeckt sind, den Speck dazugeben und kochen, mehrmals abschäumen. Das Bündel Bohnenkraut wird ca. 20 Minuten mitgekocht und dann herausgenommen. Im allgemeinen kommt der Deckel auf den Topf, die Hausfrau im Bergischen schwört jedoch darauf, daß bei offenem Topf die Bohnen weißer bleiben; sie gibt bei Bedarf kochendes Wasser hinzu. Die Garzeit der dicken Bohnen ist verschieden, sie sollen weich sein, aber noch nicht platzen. Sind sie gar, wird aus Butter und Stärkepuder eine helle Schwitze gemacht und mit dem Sud der Bohnen abgelöscht. Die Soße wird mit Salz und Pfeffer abgeschmeckt und muß noch ein paarmal aufwallen, dann werden die Bohnen wieder dazugeschüttet, Speck in Scheiben schneiden und auf dem Gemüse anrichten. Wer sich dazu junge Kartoffeln leistet (natürlich als Pellkartoffel), der hat ein wahrhaft königliches Mahl.

Tante Trautchen
gab noch einen
Schuß süße Sahne
dazu

Dicke Bohnen rheinisch, nach Henriette Davidis

„Man dünstet reichlich Zwiebeln mit Speck, streut Mehl daran und gießt Fleischbrühe hinzu, kocht es gut durch und streicht dann dieses Püree durch ein Sieb. Die vorher weichkochten Bohnen werden daruntergemischt und nochmals aufgekocht."
Wir haben dieses Rezept ausprobiert und meinen, daß der typische Geschmack der dicken Bohnen dabei verlorengeht, weil viele Aromastoffe im Kochwasser bleiben. Wer auf die Altmeisterin der bürgerlichen deutschen Küche schwört, sollte die dicken Bohnen mit Bohnenkraut und Fleischbrühe gar kochen und dann diesen Sud statt der von ihr vorgeschriebenen Fleischbrühe unter die Soße tun. Das erhöht tatsächlich das Aroma.

Sore kappes un halve kopp essen de Engelen em Himmel gän

Sore Kappes (Sauerkraut auf rheinische Art)

Ziemlich entrüstet kehrte ein Rheinländer von einer Urlaubsreise in andere deutsche Lande zurück und berichtete, man habe ihm dort fasrigweich gekochtes Sauerkraut „mit Tapetenkleister (Mehl) angedickt" einmal als Mittagessen vorgesetzt. „Dat wor nix", erzählte er seiner Thekenrunde gleich beim ersten Glas Kölsch, denn für ihn und alle seine Landsleute wird Sauerkraut erst dann zum Sure Kappes, wenn Bohnen und Speck darin sind.

Wein statt Wasser ist besser

500 g Sauerkraut, 500 g weiße Bohnen, 50 g Gänse- oder Schweineschmalz, 400 g durchwachsener Räucherspeck, 4 Zwiebeln, 10 Wacholderbeeren, 1 rohe Kartoffel, 1 großer Apfel, Salz, Zucker, weißer Pfeffer, 1 Eßl.Kräuteressig, 1 Lorbeerblatt.

Die Bohnen über Nacht einweichen, ca. 3 Stunden vor dem Essen mit dem Einweichwasser und 2 ganzen Zwiebeln aufsetzen und weichkochen, zum Schluß mit Salz, Pfeffer und Essig abschmecken. Gleichzeitig in einem Schmortopf das Schmalz erhitzen, 2 kleingeschnittene Zwiebeln darin glasig dünsten, das gewaschene, trockene Sauerkraut dazugeben, nach dem Anschmoren etwas Wasser hinzufügen, Wacholderbeeren und Lorbeerblatt beifügen, den Speck obenauf legen und mit fest verschlossenem Deckel garen (das dauert je nach Sauerkraut

1 bis 3 Stunden). Zum Sämigwerden Kartoffel und Apfel ziemlich zum Schluß darunterreiben, mit Salz und Zucker abschmecken. Der Speck wird herausgenommen, wenn er gar ist, in vier Scheiben geschnitten und zum Schluß zum Erwärmen noch einmal kurz wieder aufgelegt. Erst vor dem Anrichten werden die heißen weißen Bohnen abgeschüttet und trocken mit dem Sauerkraut vermengt.

Do moß et drop jefrore han!

Köhl oder Koalmos (Grünkohl)

1500 g Grünkohl, 100 g Gänseschmalz, 3 Zwiebeln, 1 Lorbeerblatt, 5 Nelken, Muskat, Pfeffer, 1 rohe Kartoffel, 1/4 l Fleischbrühe, 250 g Speck, 4 geräucherte grobe Mettwürstchen.

Der Grünkohl wird gewaschen und verlesen, dicke Stiele und grobe Blätter entfernen. Das Gemüse in Salzwasser 15 Minuten kochen und im Sieb abtropfen lassen, ehe der Kohl mit dem Messer zerhackt (oder durch den Fleischwolf gedreht) wird. Im Schmortopf wird das Gänseschmalz erhitzt, die kleingehackten Zwiebeln darin glasig geschmort, dann wird der Grünkohl dazugegeben und kurz mitgeschmort, mit Fleischbrühe auffüllen, den Speck und die Gewürze dazugeben und ca. 2 Stunden langsam köcheln lassen. Eine halbe Stunde vor dem Anrichten die geschälte Kartoffel an den Kohl reiben, zehn Minuten vor dem Essen kommen die Mettwürste zum Warmwerden hinzu. Den Speck herausnehmen und in Scheiben schneiden. Dazu gibt es Pell- oder Schmorkartoffeln.

Et Beß wat et jitt

Sparjel (Spargel)

„D'r beßte Sparjel kütt us däm Vorjebirg, ävver frisch muß hä sin", mit einem solchen kategorischen Imperativ wehrte die Gleueler Öhm alle Versuche ihres Mannes ab, den Spargel auf etwas herkömmlichere Art über den Handel zu beziehen. Sie mußte es wissen, saßen doch am „Meddagsdesch" ihrer Gastwirtschaft Lehrer, Beamte, Angestellte und Ingenieure der nahen Braunkohlegruben, alles weitgereiste Junggesellen also, die ein gutes Essen wohl zu schätzen wußten. Und so mußte Ohme Pitter in der Spargelzeit jeden Morgen bei Sonnenaufgang, zuerst mit dem Fahrrad, später bekam er ein Motorrad, aufbrechen noch bis etliche Kilometer hinter Brühl, wo er bei einem ganz bestimmten Bauern den Spargel körbeweise abholte, eine Stange so dick wie die andere, alle mit schönen weißen Köpfen und von gleicher Länge. Dünne Stangen und Bruchspargel lagen in einem Extrakorb, sie kamen in die Suppe. Zumindest bei Spargel war die Gleueler Öhm auch sonst konsequent. Alle möglichen Raffinessen, die ihr Henriette Davidis oder andere Küchenexperten in ihren Kochbüchern empfahlen, galten ihr für dieses feine Gemüse nichts. Höchstens wenn es einmal nicht ganz so zart im Geschmack war, erlaubte sie sich, ihn mit einer echten Holländischen Soße zu heben. Sonst aber gab es für sie nur ein Rezept (pro Person berechnet):

500 g Spargel, Salz, ½ Teel. Zucker, 50 g Butter,
200 g guter, geräucherter Schinken.

Die Spargel abspülen und von den Köpfen her dünn schälen, so daß nur das Holzige weggenommen wird. In einem besonderen länglichen, viereckigen Topf wird leichtes Salzwasser mit dem Zucker zum Kochen gebracht, auf einen Siebeinsatz wird der Spargel gelegt und in das Salzwasser gegeben. Bei fest geschlossenem Deckel muß der Spargel gardünsten, die Kochzeit ist nach Stärke und Sorte sehr verschieden, der Spargel soll gerade weich, aber keinesfalls matschig werden. Er wird dann herausgenommen, muß gut abtropfen und wird dann auf eine Platte gelegt, auf der eine aufgeschlagene Stoffserviette liegt. Mit dieser Serviette wird der Spargel ganz eingeschlagen (sie soll den Rest Flüssigkeit aufnehmen) und so serviert. In einem Butterpfännchen wird die zerlassene Butter (keinesfalls gebräunt) dazugegeben. Auf einem Holzbrett appetitlich gehäufelt wird der in kleine Würfel geschnittene Räucherschinken (im Westfälischen, aber auch in den Ardennen versteht man ihn noch zu machen) serviert. Dazu gibt es die ersten jungen Maikartoffeln mit feingehackter Petersilie bestreut, als Pellkartoffel ohne jedes Gewürz gekocht.

Fitschbunne (Schnippelbohnen)

Fitschbunne waren ein beliebtes Wintergericht unserer Vorfahren. In den Kellern der Häuser wurden sie wie Sauerkraut faßweise eingemacht. Zum Fitsche (Schnibbeln) der Bohnen kamen immer die Frauen der ganzen Nachbarschaft zusammen, denn da man noch keine Maschinen dafür hatte, war das Schneiden der Bohnen in dünne, längliche Streifen eine zeitraubende Arbeit, die bei Gesang und auch Klatsch etwas kurzweiliger wurde. Die Fässer müssen vor dem Einfüllen mehrfach ausgebrüht werden. Ein altes Einmachrezept geht von folgenden Mengen aus:

50 kg grüne Bohnen, noch nicht zu hart und frisch im Garten gepflückt, 4 kg Salz, Weinblätter.

Die Bohnen werden, wenn nötig, entfasert und dann in feine, längliche Streifen geschnippelt (dafür gibt es heute Maschinen). In großen Schüsseln werden die Bohnen lagenweise gegeben und mit Salz bestreut, das leicht daruntergemengt wird. Sie müssen über Nacht stehen. Am anderen Morgen werden die Bohnen aus der sich gebildeten Brühe herausgenommen, fest in das noch einmal ausgebühte Faß eingedrückt und zum Schluß mit den Weinblätter bedeckt. Darauf kommt ein sauberes Leintuch und ein Holzdeckel, der mit einem Stein beschwert wird. An kühlem Ort aufbewahrt, ziehen die Bohnen so viel Saft, daß sie nach wenigen Tagen ganz mit Lake bedeckt sind. Alle zwei Wochen muß die weiße Schicht, die sich auf den Bohnen bildet, abgeschöpft werden, dabei wird das Leintuch erneuert. Sollte zu wenig Flüssigkeit im Faß sein, kann abgekochtes Salzwasser nachgeschüttet werden. Nach einem guten Monat können die Fitschbunne zum ersten Mal probiert werden.

Man kann auch
einen Steintopf nehmen

Jröne Fitschbunne (grüne Schnippelbohnen)

1 kg frische Buschbohnen, 125 g fetter Speck, 2 Zwiebeln, 1 Eßl. Mehl, Salz, weißer Pfeffer, etwas Bohnenkraut, 1 Tasse süße Sahne.

Die Bohnen werden entfasert und in feine lange Streifen geschnippelt (Maschine). Der gewürfelte Speck wird in einem Topf ausgelassen, die feingehackten Zwiebeln dazugegeben. Sind diese glasig, kommen die geschnippelten Bohnen dazu und das Bohnenkraut, dann wird mit etwas Wasser aufgefüllt. Nach etwa einer Stunde Garzeit wird das angerührte Mehl daruntergegeben und 10 Minuten weitergekocht, mit Salz und Pfeffer abschmecken und zum Schluß die Sahne unterziehen.

Linseprüpp (Linsenpüree)

500 g Linsen, 150 g Speckschwarten, 1 Eßl. Mehl, 2 Eßl. Schmalz, Salz, 1 Eßl. süße Butter.

Die Linsen werden über Nacht eingeweicht, dann abgegossen. Leicht gesalzenes Wasser wird mit den Speckschwarten zum Kochen gebracht, dann die Linsen hinzugegeben und am Herdrand auf kleinster Flamme gar gekocht. Die Schwarten herausnehmen, Linsen abgießen. Zuvor wurde das Mehl im Schmalz hellgelb geröstet, dann erkalten lassen. Es wird dann mit einigen Löffeln der Linsenbrühe angerührt, die Linsen durch ein Haarsieb daruntergegeben und unter ständigem Umrühren noch einmal kurz aufgekocht. Zum Schluß wird die Butter darunter geschlagen.

Markähze nemme

Ähzeprüpp (Erbsenpüree)

500 g gelbe Erbsen, 500 g fetter Bauchspeck, 4 Zwiebeln, 2 Eßl. Schmalz, 2 Eßl. Butter, Salz, weißer Pfeffer, 1 Lorbeerblatt.

Die Erbsen werden über Nacht eingeweicht. Dann 1 feingehackte Zwiebel im Schmalz glasig dünsten, etwas Einweichwasser der Erbsen und den Bauchspeck dazugeben, zum Kochen bringen, Erbsen und Lorbeerblatt hineintun und mit so viel Einweichwasser auffüllen, daß die

Wer Ähze iß, muß sich de Wend jeffalle loße.

Erbsen gerade bedeckt sind. Auf kleiner Flamme gar kochen, das Fleisch herausnehmen und in Scheiben schneiden (wird mit Senf dazu gegessen), die Erbsen dann durch ein Haarsieb purieren (evtl. etwas Brühe zurückbehalten, damit ein steifer Brei entsteht), mit Salz und Pfeffer abschmecken, in einer tiefen Schüssel anrichten und mit den inzwischen in der Butter braungerösteten Zwiebelringen garnieren.

Ärmlückssparjel

Schönzeneere (Schwarzwurzel)

1 kg Schwarzwurzeln, 50 g Butter, 6 Eßl. Mehl, 2 Tassen Milch, 1 Zwiebel, ½ Teel. Zucker, ½ Zitrone, 4 Eßl. süße Sahne, 2 Eigelb, Salz, weißer Pfeffer, 3 Strich Muskat, Essig.

Mit 1 Eßl. Mehl und 3 Eßl. Essig ein leichtes Essigwasser anrühren. Schwarzwurzeln gründlich bürsten, abschaben, waschen, in streichholzlange Stücke schneiden und direkt in das Essigwasser geben, damit sie nicht dunkel werden. Leichtes Salzwasser mit Zucker und Milch zum Kochen bringen, darin die Schwarzwurzelstückchen gut halbweich garen. Inzwischen in einem zweiten Topf Butter zerlassen, feingehackte Zwiebel glasing dünsten und mit 5 Eßl. Mehl helle Mehlschwitze bereiten. Mit gut ¼ l des Schwarzwurzelsuds ablöschen, mit Salz, Pfeffer, Muskat und Zitronensaft würzen, gut durchkochen, dann durch ein Sieb seihen. In dieser weißen Soße die Schwarzwurzeln gar kochen (setzen leicht an!), vor dem Anrichten Sahne untergeben und mit dem geschlagenen Eigelb abziehen.

Röbe (Steckrüben)

750 g Steckrüben, 4 Eßl. Schmalz, 2 Eßl. Zucker, ca. ¼ l Fleischbrühe oder Wasser, Salz, weißer Pfeffer.

Steckrüben schälen und würfeln, das Schmalz erhitzen und den Zucker darin bräunen, Steckrübenwürfel dazugeben und anschmoren, dann die Brühe bzw. Wasser kochend darübergießen und auf knapper Flamme garen. Vor dem Anrichten zu Mus stampfen und mit Salz und Pfeffer würzen.

Notizen & weitere Rezepte:

Wann et anfängk
ze riefe –
Fängk der Kappes
an ze kniefe.

(Kappesboore – Weisheit)

fig. 6

Fisch (Fesch)

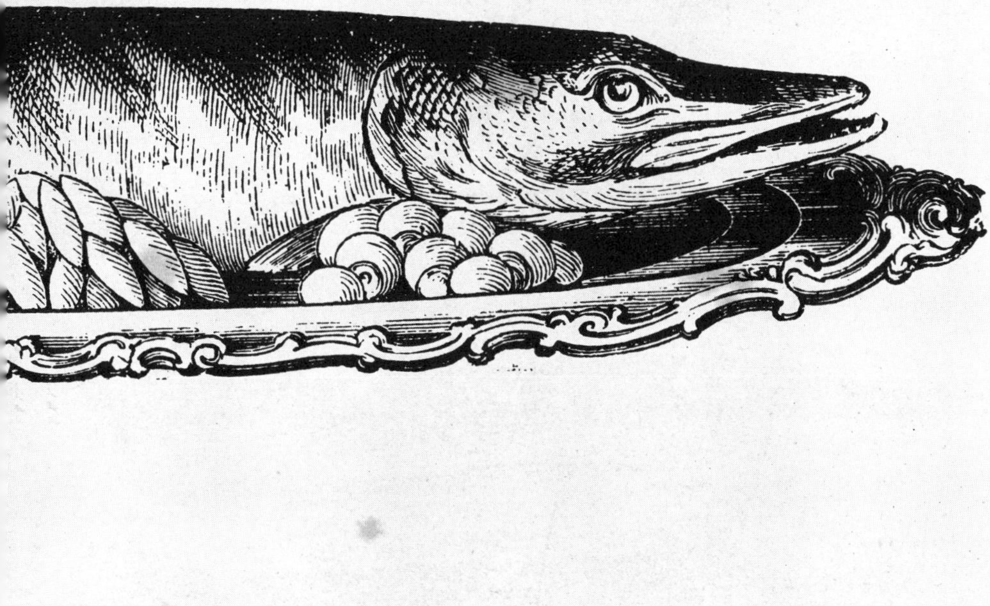

Fesch muß mer Schwemme losse

Fesch (Fische)

Das Fastengebot der katholischen Kirche war sicher mit ein Grund, weshalb der Fisch so häufig in der rheinischen Küche zu finden ist. Darüber hinaus aber hatte man ihn früher praktisch direkt vor der Haustür: Im Rhein wurden das ganze Jahr über viele Arten gefangen, auch die Nebenflüsse und Bäche boten dem Angler reiche Beute. Zwischen der Kirche Groß St. Martin und der Stadtmauer gab es, wie teilweise heute noch die Straßennamen bezeugen, am Rhein entlang ein ganzes Viertel, in dem nur mit Fisch gehandelt wurde. Gut 25 Sorten zählt Adam Wrede in seinem Sprachschatz auf, die hier einmal gehandelt worden sind, er berichtet von den Fischkästen, die im Rhein hingen und lebende Krebse wie Rümpcher enthielten – alles Leckerbissen, die auf den Menükarten aller Festessen wieder auftauchen. Mit dieser Herrlichkeit ist es seit Jahren vorbei; allerdings mehren sich in jüngster Zeit die Versuche, in Baggerseen und anderen relativ sauberen Gewässern systematisch Fischzucht zu betreiben. Und vielleicht erreichen es unsere Umweltschützer doch noch, daß auch im Rhein wieder viele Arten von Süßwasserfischen heimisch werden.

Forne/Forellcher blau (Forellen blau)

Im Bergischen Land werden in einer Reihe von Orten Forellen gezüchtet, noch wohlschmeckender aber ist die Bachforelle, die vielerorts noch gefangen werden kann. Kenner bevorzugen sie in den Monaten Mai bis Juli und, ungeachtet aller raffinierter Rezepte großer Küchenmeister, auf klassische Art blau gekocht.

4 Forellen, 1 l Wasser, ¼ l herber Moselwein, ¼ l Weinessig, 1 Petersilienwurzel mit Kraut, 1 Zwiebel, 3 Nelken, 2 Lorbeerblätter, 10 Pfefferkörner, Saft einer halben Zitrone.

Die frisch geschlachteten Forellen auf ein nasses Küchenbrett legen, vorsichtig ausnehmen, nicht schuppen, denn der Schleim muß daran bleiben. Aus den übrigen Zutaten einen Sud kochen, in den die Forellen behutsam (am Schwanz anpacken!) gegeben werden, auf kleinster

Flamme 10 bis 20 Minuten gar ziehen lassen, auf einer mit Servietten ausgelegten Platte anrichten, mit Petersilie, Zitronenschnitzen etc. garnieren. Dazu gibt es junge, kleine Pellkartoffeln und zerlassene Butter. Wer keine frischen Forellen hat, kann sie blau bekommen, wenn die Fische nach dem Waschen mit kochendem Essig übergossen und ½ Stunde in Zugluft gestellt werden.

Muschele (Muscheln)

Seit Jahrhunderten in Köln wie im ganzen Rheinland populär: die Miesmuscheln. Man importiert sie frisch von der Küste, meist aus Holland oder Belgien, und sie gibt es in allen Monaten, die mit einem „r" enden. Zu den Muscheln trinkt man entweder ein leckeres Kölsch oder aber einen sehr trockenen Wein, wie er vorzugsweise aus dem Elsaß kommt.

4 kg Miesmuscheln, 6 Zwiebeln, 3 Möhren, ½ Sellerieknolle, 1 kl. Stange Lauch, 3 Möhren, 1 Bund Petersilie, 1 Teel. Kümmel, 10 Wacholderbeeren, 20 schwarze Pfefferkörner, 3 Lorbeerblätter, Salz, 1 Fl. Weißwein.

Die Brühe genießen bis Sand kommt

Die Muscheln müssen unter fließendem Wasser gründlich geschrubbt und noch mehrfach nachgespült werden, bis aller Sand entfernt ist. Nicht ganz geschlossene Muscheln werden aussortiert und weggetan (wichtig wegen Vergiftungsgefahr). Suppengemüse kleinschneiden, mit Gewürzen und Wein in einen Kochtopf geben, Muscheln hineintun und mit Wasser auffüllen, daß alles bedeckt ist, dann zum Kochen bringen, bis sich die Muscheln geöffnet haben. Dann vom Feuer nehmen, noch 5 Minuten am Herdrand ziehen lassen. Die Muscheln werden portionsweise in tiefe Teller gegeben, die Brühe darüber verteilt, die Portionen mit einem zweiten tiefen Teller abgedeckt und so serviert. Sie werden folgendermaßen gegessen: Man nimmt eine geöffnete leere Muschelschale in die Hand, benutzt diese als Greifzange und pickt damit aus den anderen Schalen das Fleisch, wozu man je nach Geschmack und ebenfalls mit einer Muschel die Soße dazu schlürft. Die leeren Schalen kommen auf den zweiten Teller. An Besteck kommt nur ein Messer auf den Tisch, mit dem man sich Butter auf das dazugereichte Schwarzbrot schmiert. Noch geschlossene Muscheln nicht essen!

Rheinsalm

Der Lachs oder Salm, wie er in und bei Köln früher gefangen wurde, war von besonders erlesener Qualität. Nicht nur Lokalpatrioten schwärmten davon, sondern mindestens ebenso sehr die prominenten Touristen, die im vorigen Jahrhundert in die Rheinmetropole kamen. Er wurde von Mai bis November gefangen, wenn er ca. 1 kg schwer wieder aus dem Meer an seine Laichplätze am Oberrhein zurückkehrte. Frisch oder gesalzen wurde er schon seit dem 12. Jahrh. auf der Südseite des Fischmarktes auf besonderen Salmbänken feilgeboten. Heute gibt es keinen Salm mehr im Rhein; Staustufen und Abwässer haben ihm den Garaus gemacht. Wer heute im Fischgeschäft nur noch frischen Salm aus nordischen Gewässern findet, sollte ihn trotzdem nach altkölnischem Rezept zubereiten.

Kein Gewürz vergessen

1 Lachs (ca. 1 kg), 3 l Salzwasser, ¼ l Weinessig, ½ l säuerlicher Weißwein, 5 Zwiebeln, 1 Möhre, ¼ Sellerieknolle, ½ Stange Lauch, 1 Petersilienwurzel mit Kraut, 2 Lorbeerblätter, 4 Gewürznelken, je 10 Körner schwarzer Pfeffer und Senf, 1 Spirale Zitronenschale, je 1 Messerspitze Majoran, Thymian, Muskatblüte. 1 Zweiglein Estragon.

Das Suppengemüse kleinschneiden, mit allen übrigen Gewürzen im Salzwasser ca. 1 Stunde kochen. Währenddessen wird der Lachs geschuppt, gewaschen und in ca. 2-fingerdicke Scheiben geschnitten. Die Fischportionen werden hintereinander in einen länglichen Fischkochtopf gelegt, der fertige Sud dann durch ein Sieb darübergegossen. Der Fisch muß etwa eine Viertelstunde auf ganz leichter Flamme garen. Dann wird er auf eine lange Platte gelegt, auf der eine Stoffserviette zum Aufsaugen des restlichen Suds ausgebreitet ist. Dazu reicht man zerlassene Butter oder Holländische Soße und möglichst junge Pellkartoffeln.

Nach alter Ratsverordnung: Dienstboten durften nicht mehr als 4x in der Woche Salm zu essen kriegen.

Seelachs oder Kabeljau kann man als Ersatz nehmen

Maifesch (Maifisch/Alse)

Der im Mittelmeer und an der europäischen Atlantikküste bis zur Nordsee lebende Maifisch wanderte früher während der Laichzeit im April und Mai in großen Scharen rheinaufwärts, wo ihn die Poller Fischer fingen und auf dem Kölner Fischmarkt und in den Straßen verhökerten. Er schmeckt etwas fade und lange nicht so gut wie der Salm, da er jedoch reichlich angeboten wurde, war er preiswert und vor allem in den Wohnquartieren der Arbeiter begehrt, weshalb er nach einer nicht allzugut beleumundeten Straße im Kölner Volksmund auch „Löhrjasser Salm" hieß. Meist wurde der geschuppte und ausgenommene Maifisch in einem gleichen Sud gekocht wie der Rheinsalm, oder er wurde gebraten:

1 Maifisch, ½–1 l Milch, Salz, Pfeffer, Mehl, Butter zum Braten.

Die Filets des geschuppten und ausgenommenen Fisches werden eine Stunde lang in Milch gelegt, dann abgetrocknet, mit Salz und Pfeffer bestreut und von beiden Seiten mit Mehl bestäubt. In heißer Butter werden sie von beiden Seiten gebraten. Dazu werden Kartoffeln gegessen, die in das Bratfett gestippt werden.

Met jung Ädäppel es et en Festäng

Hirringsstip (Heringsstip)

Die Kölner Gaststätten, die mit einer „Foderkaat" (Speisekarte) aufwarten, werden nicht nur an der Qualität des möglichst hausgebrauten Bieres gemessen, das bei ihnen – natürlich direkt vom Faß – ausgeschenkt wird. Mindestens ebenso wichtig ist die Qualität des Hirringsstip, das auf jede Speisekarte gehört.

6 Salzheringe (wichtig: nur Milcher nehmen), ½ l Buttermilch, 3 große Zwiebeln, 1 Gewürzgurke, 2 saure Äpfel, ½ l saure Sahne, je 20 Pfeffer- und Senfkörner, 2 Lorbeerblätter.

Die Heringe ausnehmen, waschen und wässern, dann über Nacht in der Buttermilch marinieren. Am nächsten Tag werden die Fische gehäutet und die Filets von den Gräten abgezogen. Die Heringsmilch wird durch ein feines Sieb passiert und mit der Sahne verrührt. Zwiebeln, Äpfel und Gurke in möglichst feine Scheiben schneiden. Dann in einem länglichen Steinguttopf jede Schicht Heringsfilets dick mit den Zutaten und Gewürzen bestreuen, zum Schluß wird die Sahne darübergegossen. An kühlem Ort (Kühlschrank) drei Tage ziehen lassen.

Stockfesch met Ädäppel (Stockfisch mit Kartoffeln)

Stockfisch gehörte bis in unser Jahrhundert zu den beliebtesten, weil preiswerten Fastengerichten am Freitag. Doch selbst den Stockfisch konnte sich nicht jede Familie leisten. „Am Stockfesch un Ädappelsdach esse meer ärm Lück (arme Leute) de Ädäppel met gekreiztem (ausgelassenem) Öl un de Stockfesch setze dröm heröm (sitzen drum herum)".

750 g Stockfisch, Salz, entweder Rüböl, 125 g Butter oder Senfsoße.

Wenngleich viele Hausfrauen den Stockfisch auch nur einige Tage mit leichtem Natron-Wasser wässerten, ist die etwas umständlichere Methode, die Henriette Davidis empfiehlt, vorzuziehen: „Wünscht man den Stockfisch Freitags zu kochen, so legt man ihn spätestens am Dienstag morgen ein. Vor dem Einlegen bedeckt man ihn ½ Stunde mit Wasser und klopft ihn dann mit einem hölzernen Hammer anfangs nicht stark, nach und nach derber und so lange, bis er locker geworden ist; doch darf er nicht zerfetzt werden, worauf er dann in 4 gleiche Stücke gehauen wird. Zum Einweichen kann man sowohl Pottasche als auch Soda anwenden. Letztere ist indessen vorzuziehen, da sie nicht nur wohlfeiler ist, sondern auch weniger leicht einen unangenehmen Geschmack zurückläßt. Zu jedem ½ Kilo Stockfisch sind 30 Gramm kleingestoßene Soda das richtige Verhältnis. Man legt die Stücke in einen Steintopf mit der Soda bestreut aufeinander, bedeckt sie reichlich mit weichem Wasser und stellt den Topf bis Donnerstag morgen, also 2 Tage und 2 Nächte, an einen ganz kalten Ort; in einer warmen Küche würde ein Beigeschmack entstehen. Dann drückt man die Stücke aus, macht die Schuppen von der Haut und inwendig alles Unreine heraus, schneidet die Flossen weg, spült den Fisch ab und legt ihn in frisches weiches Wasser. Das Wechseln des Wassers muß bis zum nächsten Morgen dreimal geschehen, wobei jedesmal das Ausdrücken nicht versäumt werden darf." Ist der Stockfisch auf diese Art wohl präpariert, wird er in ein Leinentuch getan, das verknotet wird. Dieses Paket kommt in einen Kochtopf, in den man auf den Boden einen Teller legen kann, was das Anbrennen verhütet. Der Stockfisch wird mit kaltem Wasser aufgesetzt, er soll nur heiß werden, keinesfalls kochen. Dann muß er zwei Stunden lang gar ziehen, erst zum Schluß salzen. Zum Antropfen wird er in dem Leinentuch auf ein Sieb gegeben. Dazu ißt man Salzkartoffeln und Rüböl, zerlassene Butter oder aber Senfsoße.

Deftig und gesund

Böckem (Bückling, gebraten)

Der Böckem war im alten Köln eine beliebte und nahrhafte Fastenspeise. Noch zu Beginn unseres Jahrhunderts kannte man den „Bökkemskäl", das waren Holländer, die mit ihren Karren voller Weidenkörbe durch die Straßen zogen und „hollandsche Bücking" stückweise an die Hausfrauen verkauften.

4 Bücklinge, etwas Mehl, Öl zum Ausbraten.

Die Bücklinge müssen frisch und noch glänzend sein. Sie werden kurz in Mehl gewälzt und in heißem Öl gebacken. Man ißt sie warm zu Kartoffeln.

Böckemskoche (Bücklingskuchen)

In vielen rheinischen Familien, besonders im Bergischen Land, war diese Fastenspeise besonders beliebt.

4 Bücklinge, 4 Eier, 4 Eßl. Mehl, ½ Tasse Milch,
1 Teel. Salz, Butter zum Ausbacken.

Die Bücklinge, sie müssen frisch und glänzend sein, werden filiert. Das Eiweiß wird vom Eigelb getrennt und mit einer Prise Salz zu Schnee geschlagen. In einer Schüssel wird Eigelb mit Salz verrührt, dann Mehl und Milch in kleinen Portionen daruntergerührt. Zum Schluß wird der Eischnee daruntergehoben. In der Stilpfanne wird reichlich Butter erhitzt und darin die Filets von beiden Seiten angebraten. Der Teig wird jetzt über die einzelnen Filets gegeben und alles auf beiden Seiten hellbraun gebacken.

Rümpcher (Elritze)

Dieser Süßwasserfisch, schon im 14. Jahrhundert in den Kölner Bürgerhaushalten beliebt, wurde in den Nebenflüssen des Rheins gefangen. Sie kamen fertig gekocht und in Weidenrinde verpackt, von der Ahr auf den Kölner Markt. Sie kamen kalt auf den Tisch. Frische Rümpcher wurden gebacken.
Für die Ahr-Rümpcher benötigt man:

1 kg Elritzen, 5 Lorbeerblätter, 20 schwarze Pfefferkörner, 10 Schalotten, Salz.

Die Elritzen werden nicht geschuppt oder ausgenommen, sondern nur mit Salz abgerieben und unter fließendem Wasser gewaschen. Salzwasser wird zum Kochen gebracht, die Gewürze dazugetan und eine halbe Stunde lang gekocht. Dann kommen die Elritzen hinein. Nach dem Aufwallen wird der Topf an den Herdrand geschoben, damit die Fische garziehen können, sie zerfallen beim Kochen leicht. Erkaltet werden die Elritzen mit Essig und Öl übergossen, evtl. noch etwas nachwürzen mit Salz und Pfeffer.
Jebacke Rümpcher macht man so:

1 kg Elritzen, 5 Eßl. Butter, 5 Eßl. Mehl, Salz, Butter oder Öl zum Ausbacken.

Die Elritzen werden mit Salz abgerieben, gewaschen und gut abgetrocknet. Die Butter wird zerlassen, darin die Elritzen getaucht und anschließend im Mehl gewälzt. Das Bratfett, dem etwas Salz untergemengt wurde, wird in der Pfanne heißgemacht und darin die Rümpcher knusprig gebraten.

Notizen & weitere Rezepte:

fig · 7

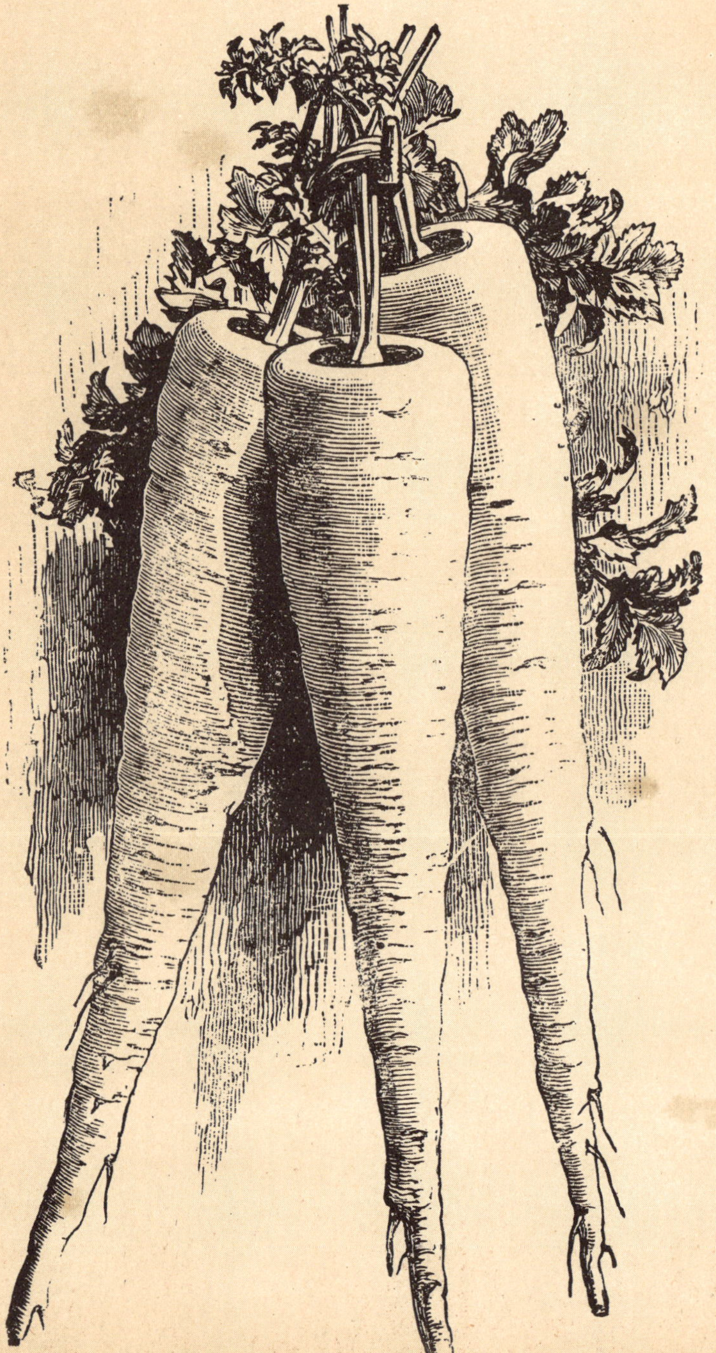

Eintöpfe (En öntlich Zuppepott)

En öntlich Zuppepott (Eintopfsuppen)

„En öntlich Zupp" hat dem Rheinländer schon immer viel bedeutet. Deftig mußte sie sein, höchstens am Wasser konnte gespart werden – wenigstens, wenn man es sich leisten konnte. Denn weiß der Volksmund auch von jener Hausfrau zu berichten, die aus der Not eine Tugend machen mußte, und eine Speckschwarte wochenlang durch die diversen Suppentöpfe zog, um ihnen einen Hauch von Fleischaroma zu geben, gilt als Faustregel doch, daß die Güte eines Eintopfes daran gemessen wurde, wie lange darin der Löffel aufrecht stehen kann. Die Ähzezupp (Erbsensuppe) ist in kühleren Jahreszeiten des Kölners Leib- und Magenspeise, doch auch die anderen Hülsenfrüchte stehen hoch im Kurs. Und Ädäppelzupp (Kartoffelsuppe), möglichst noch mit Speckpfannkuchen, oder Himmel un Äd (Himmel und Erde) sind durchaus Gerichte, die auch den Feinschmecker begeistern können. Ein frisches kräftiges Roggenbrot dazugereicht, erhöht noch den Genuß. Zum Nachtisch reiche man Kumpott (Kompott). Zur Suppe schmeckt ein Kölsch oder ein anderes Bier, für die Verdauung schaden hinterher ein Korn oder ein Aufgesetzter keinesfalls.

Linsezupp (Linsensuppe)

500 g Linsen, 500 g Schweinerippchen, 100 g magerer Speck, 4 Zwiebeln, 500 g Kartoffeln, ½ Stange Lauch, 1 Selleriewurzel, 2 Lorbeerblätter, ½ Teel. Majoran, Salz, schwarzer Pfeffer, 2 Eßl. Essig.

Linsen über Nacht einweichen, das Einweichwasser mit den Rippchen zum Kochen bringen, Linsen, Lorbeerblätter, kleingeschnittenes Lauch und Sellerie dazugeben und fast gar kochen. Dann die geschälten und gewürfelten Kartoffeln dazugeben. Der gewürfelte Speck wird in einer Stilpfanne halb ausgebraten, dann mit den gewürfelten Zwiebeln knusprig braun angeröstet. Das Fleisch aus der fertigen Suppe heben, vom Knochen nehmen, in Happen schneiden und wieder dazufügen, die Suppe mit Salz, Pfeffer, Majoran und Essig abschmecken. Speck und Zwiebeln beigeben und zum Schluß noch einmal kurz aufwallen lassen.

Für Opa kross gebackene Zwiebelringe obendrauf

Himmel un Äd (Himmel und Erde)

Mit Himmel un Äd ist es so wie mit allen wahrhaft volkstümlichen Gerichten: Jede Familie hat ihr ganz eigenes Rezept. Und schmeckt es nicht wie früher bei der Öhm, dann ist es eben kein richtiges Himmel un Äd. Mancherorts werden Kartoffeln und Äpfel zusammen gekocht und zum Schluß zusammengemengt, andere nehmen nur „Kölsch Kaviar", die dicke Blutwurst, dazu oder erwarten noch bestimmte Kräuterbeigaben. Wir schwören auf das Rezept der Gleueler Öhm, das all denen empfohlen sei, denen Himmel (Äpfel) un Äd (Kartoffeln) erst Leibgericht werden soll:

1 kg mehlige Kartoffeln, 1 kg säuerliche Äpfel (Boskop o. ä.), 75 g Butter, Salz, 1–2 Eßl. Zucker, je 4 kleine Blut- und Leberwürstchen (etwa daumendick und gut mit Kräutern gewürzt), 50 g Räucherspeck, 50 g Schmalz.

Die geschälten Kartoffeln und Äpfel werden kleingeschnitten und getrennt in wenig Wasser gargedünstet, dann zerstampft, miteinander vermischt und mit der Butter schaumig geschlagen, dabei wird gewürzt. Im heißen Schmalz kleine Speckwürfelchen auslassen, die Würste darin kroß braten (bekommt man nur die dicke Blutwurst, sollte diese der Länge nach aufgeschnitten und in Portionsstücke zerteilt werden). Der heiße Brei kommt in eine Schüssel, die Würste werden darauf gelegt, das Bratfett darübergegossen.

Ädäppelzupp (Kartoffelsuppe)

750 g mehlige Kartoffeln, ½ Teel. Kümmel, Majoran, Salz, schwarzer Pfeffer, 1½ l Fleischbrühe, 2 Zwiebeln, 50 g Schweineschmalz, 2 Eßl. Mehl, 125 g durchwachsener Speck, ⅛ l saure Sahne, feingehackte Petersilie.

Kartoffeln schälen und würfeln, mit Gewürzen und Fleischbrühe fast gar kochen. Die geschälten, kleingehackten Zwiebeln im heißen Schmalz anrösten, Mehl darin anschwitzen und mit etwas Kartoffelbrühe ablöschen, gut aufkochen lassen und mit den Kartoffeln vermengen. Den Speck kleinwürfeln, in der Pfanne braten und unter die

Suppe geben. Zum Schluß kommen die saure Sahne und die Petersilie hinzu.

Zu diesem Grundrezept der Suppe, die früher auch in Bürgerhäusern mindestens einmal die Woche auf dem Tisch stand, gibt es noch einige Varianten. An Fastentagen kam statt des Specks der „Ärmlücksspeck“ in die Suppe, das sind Weißbrotwürfel in viel Schmalz oder Margarine knusprig goldbraun in der Pfanne geröstet.

Tante Trautchen formte immer den Inhalt einer Bratwurst zu kleinen Bällchen und ließ diese in der Suppe mit ziehen. Als Krönung kamen dann ganz kroß in Schmalz gebackene Zwiebelringe auf die Suppe.

Ädäppelzupp met Bunne un Speckpannekoche

(Rhein. Kartoffelsuppe mit grünen Bohnen und Speckpfannkuchen)

500 g grüne Bohnen, 2 Zwiebeln, Bohnenkraut, 50 g Butter, ca. 2 l Fleischbrühe, 500 g mehlige Kartoffeln, 2 Eßl. Mehl, ⅛ l saure Sahne, Salz, Petersilie.

Die grünen Bohnen abziehen und in Stücke brechen, mit den feingehackten Zwiebeln und dem Bohnenkraut in der Butter andünsten, die heiße Brühe hinzugeben und fast gar dämpfen. Die geschälten Kartoffeln kleinwürfeln, in die Suppe geben und gar kochen. Das Mehl in etwas Milch anrühren, unter ständigem Rühren in die Suppe geben und kurz aufwallen lassen. Zum Schluß Rahm und Petersilie hinzufügen.

Dazu werden Speckpfannkuchen gegessen, die möglichst dünn ausgebacken werden. Hierzu ein Rezept aus dem handgeschriebenen Kochbuch der „Groß“ (Oma):

200 g feinstes Buchweizenmehl, ½ l Mineralwasser, 1 Eßl. Leinöl, 200 g in ganz dünne Scheiben geschnittener durchwachsener Räucherspeck; Butterschmalz zum Ausbacken.

Die Eier schaumig schlagen, Mineralwasser dazugeben, dann langsam das Mehl, Öl und Schnittlauch unterrühren. In der Stielpfanne Bratfett erhitzen, den Speck darin leicht anbraten und hauchdünn den Teig darübergeben. Die Pfannkuchen werden von beiden Seiten goldbraun gebraten und heiß zur Suppe auf einem Extrateller serviert.

Fächt sich nur dr Kopp

Öllichzupp (Zwiebelsuppe) klar

Mit der berühmten französischen Schwester hat diese Suppe nur den Namen gemein, am Rhein liebt man sie herzhafter als deftiges Wintergericht.

1 kg Zwiebeln, 1 l Fleischbrühe oder Wasser, ¼ l Milch, 50 g Butter, Salz, schwarzer Pfeffer, Muskatblüte, 5 frisch gekochte Pellkartoffeln, 4 geräucherte Bratwürste.

Die kleingeschnittenen Zwiebeln in Fleischbrühe oder Wasser gar kochen, durch ein Sieb passieren. Milch erhitzen, das Zwiebelpuree und die Butter hinzugeben, die gepellten Kartoffeln zu Mus zerstampfen, ebenfalls in die Suppe geben und mit den Gewürzen abschmekken. Noch einmal kurz aufkochen lassen, dann am Herdrand oder auf kleinster Flamme leise weiterköcheln lassen, bis die hinzugefügten Bratwürste heiß sind.

Ähzezupp (Erbsensuppe)

An der Ähzezupp scheiden sich auch im Rheinland die Geister; ob gelbe oder grüne Erbsen die Grundlage bilden, welches Fleisch verwendet wird und welche Gewürze dazukommen, das ist von Küche zu Küche verschieden. Hier ein Rezpet aus dem vorigen Jahrhundert, ausnahmsweise für 10 Personen berechnet, denn in kleineren Portionen wird sie nicht so gut. Im Freundeskreis nach durchzechter Nacht weckt sie alle Lebensgeister, der Rest kommt in die Tiefkühltruhe. Noch etwas: Die Suppe braucht relativ viel Zeit und macht reichlich Arbeit, sie schmeckt aber dafür um so besser.

2 Schweinsohren, 500 g Schweinepfoten, 500 g Schweinerippe, ½ Sellerieknolle, 8–10 Möhren, 3 Stangen Lauch, 6 große Zwiebeln, 4 Gewürznelken, 4 Lorbeerblätter, 200 g fetter Speck, 4 Knoblauchzehen, Thymian, 1 kg gelbe Erbsen (ungeschält), 500 g mehlige Kartoffeln, weißer Pfeffer, Salz, evtl. ein Schuß süße Sahne.

* Wer Ähze iss,
muß sich de Wind gefalle loße!

Am Abend vorher werden die Erbsen eingeweicht, das Fleisch wird eben mit Wasser bedeckt zum Kochen gebracht und muß dann am Herdrand bzw. bei kleinster Flamme so lange köcheln, bis es vom Knochen fällt. Am nächsten Tag die Erbsen mit dem Einweichwasser zum Kochen bringen, die Fleischbrühe mit dem Gelee aus dem Fleischsud dazugeben, ca. 30 Minuten kochen, währenddessen den feingewürfelten Speck in der Pfanne gut glasig werden lassen, 5 feingehackte Zwiebeln und die Knoblauchzehen darin ebenfalls glasig werden lassen, mit Thymian überstäuben, zur Suppe geben, ebenso die 6. Zwiebel, die ganz bleibt und mit den Gewürznelken gespickt wird. Das restliche Suppengemüse wird ebenfalls kleingeschnitten und in die Suppe getan, die Lorbeerblätter werden, ehe sie in die Suppe kommen, auf der Herdplatte kurz angeröstet. Während die Suppe weiter vor sich hinkocht, wird das Fleisch in Happen zerteilt. Jetzt müssen noch die Kartoffeln geschält und in Würfel geschnitten werden. Kurz bevor die Erbsen weich sind, die gespickte Zwiebel herausnehmen, die Kartoffeln in die Suppe geben und garen, dann die Fleischstücke hineintun und mit Salz sowie kräftig (nach Geschmack) mit Pfeffer abschmecken. Zur Verfeinerung wird direkt vor dem Servieren ein guter Schuß süße Sahne in die Suppe gegeben. Sehr gut schmecken auf der Suppe auch die „Bröckcher", das sind Weißbrotwürfel, in viel heißem Fett goldgelb geröstet, vielerorts auch als „Ärmelücksspeck" (Armleutespeck) benannt.

Fitschbunne hat vielleicht der Metzger noch im Faß

Fitschbunne met Rippcher

(Eingelegte Schnippelbohnen mit Schweinerippchen)

* kann auch durchwachsener Speck sein

1 kg Fitschbunne aus der Tonne, 100 g Schmalz, *
3 Zwiebeln, 1 kg Schweinerippchen, 500 g Kartoffeln,
Salz, weißer Pfeffer.

Die Schnippelbohnen werden am Abend vorher in kaltem Wasser aufgesetzt und kurz durchgekocht. Dann werden sie über Nacht in frischem Wasser gewässert, anschließend in einem Sieb abtropfen lassen. In einem Topf wird das Fett erhitzt, die kleingehackten Zwiebeln darin glasig geschmort. Dann gibt man Bohnen und Fleisch dazu und gießt

so viel heißes Wasser darüber, daß alles bedeckt ist. Nach einer Stunde Kochzeit werden die geschälten und gewürfelten Kartoffeln dazugegeben und eine weitere Stunde lang gekocht, zum Schluß mit Salz und Pfeffer abschmecken.
Mir ist das Rezept zu wäßrig. Ich koche die Bohnen nur 5 Minuten ab und gebe sie abgeseiht in den Kochtopf.

Rebbelenbrei (Reste-Eintopf)

In einfachen Haushalten war der Rebbelenbrei ein häufiges Abendessen, zusammengestellt aus den Resten des Mittagsmahls.

1 kg Fleisch-, Gemüse- und Kartoffelreste, 3 Zwiebeln, 1 Eßl. Schmalz, Salz, Pfeffer, 3 Strich Muskat.

Die Menge der einzelnen Reste bestimmen die Zusammensetzung des Gerichts. Die kleingehackten Zwiebeln werden im Schmalz goldbraun geröstet, dann kommen die Reste dazu, die gestovt (geschmort) werden, mit den Gewürzen abschmecken. Dazu gab es Muckefuck (Gerstenkaffee).

Murrepott (Möhreneintopf)

Für den Winter in der Sandkiste einkellern

Möhreneintopf gibt es im ganzen Rheinland in den verschiedensten Variationen. Dieses alte Rezept aus dem Bergischen Land ist eine äußerst schmackhafte Variante des Grundrezeptes. Es stammt aus der Küche von Tante Agnes:

500 g Hammelklein, 5 Eßl. Talg (zur Not tut's auch Schmalz), 1500 g Möhren, 3 Zwiebeln, 1 kleine Petersilienwurzel, 1 Scheibe Sellerieknolle, 1 Apfel, Salz, weißer Pfeffer, Majoran, ½ Teel. Zucker, 1 l Fleischbrühe.

In einem Bräter Talg bis zum Rauchen erhitzen, Hammelstückchen hineingeben und von allen Seitien kräftig anbraten, dann die gewürfelten Zwiebeln dazugeben und hellbraun rösten, Fleischbrühe aufgießen und ½ Stunde auf schwacher Flamme dünsten. Dann kommen die in Scheiben geschnittenen Möhren hinzu sowie Apfel, Petersilienwurzel und Sellerie, alles kleingewürfelt, würzen und weiter auf kleiner Flamme gar dünsten, evtl. etwas Wasser nachgießen, doch sparsam, weil das Gericht nicht suppig werden darf. Dazu wird Bauernbrot gegessen. Tante Agnes spießt zum Schluß eine Knoblauchzehe auf eine Gabel, schwenkt diese ein paarmal durch das Gericht und nimmt sie sofort wieder heraus. Gibt ein fantastisches Aroma, aber keine unangenehme Fahne!

Fasten-Murrepott (Möhreneintopf als Fastenspeise)

1 kg Möhren, 8 saure Äpfel, 2 Eßl. Butter, Salz, 1 Faden Safran, Zucker.

Die Möhren werden geschrappt und gewaschen, je nach Dicke mit 2 bis 4 Schnitten der Länge nach geteilt und dann in streichholzlange Stifte geschnitten. Sie werden mit wenig Wasser, der Butter und einer Prise Salz halbgar gekocht; die Äpfel werden geschält, Kerngehäuse ausstechen, außen mehrere Einschnitte machen, und mit reichlich Zucker bestreuen. Diese Äpfel dann auf die Möhren legen und mit gar kochen. Bei Bedarf ein wenig heißes Wasser nachgießen, es verkocht oft sehr schnell. Zum Anrichten kommen die Möhren in die Gemüseschüssel, die Äpfel werden ringsherumgesetzt, in der Mitte ist noch Platz für ein paar Butterflöckchen.

Schlodderkappes („Schlotternder Weißkohl" / Kohleintopf)

Ursprünglich wurden für dieses Gericht sauer eingelegte ganze Kohlblätter verwendet. Sie gibt es heute kaum noch. Deshalb nimmt man seit langem schon frischen Weißkohl. *

1 kg Weißkohl, 1 kg Rindfleisch (kann auch Schweinefleisch sein), 1 kg Kartoffeln, 4–5 Zwiebeln, 1 Messerspitze Piment, Salz, weißer Pfeffer.

Kartoffeln schälen und würfeln, Fleisch in Portionshappen zerteilen, Kohlblätter von den Rippen lösen und in breite Streifen schneiden, Zwiebeln grob hacken. In einen Topf kommt eine Schicht Kartoffel-

*Der Griechenladen um die Ecke hat sauer eingelegte Kohlblätter

würfel, darauf Fleisch mit Zwiebeln und darüber Kohl, jetzt etwas würzen und die nächsten Lagen Kartoffeln, Fleisch, Zwiebeln und Kohl übereinandertun, Kohl bildet den Abschluß. Mit Wasser oder Fleischbrühe auffüllen und bei mittlerer Hitze gar kochen (1½–2 Stunden). Alte Bauernweisheit beachten: Läßt Du zuerst den Deckel auf (½ Std.), kracht's nicht so sehr in Deinem Bauch. Nicht umrühren! Sieht im Jenaer Glastopf besonders gut aus.

Bottermilch-Bunne (Buttermilchsuppe mit Bohnen)

750 g Bohnen (grüne, weiße oder beide zusammen), 500 g Kartoffeln, 1 l Buttermilch, ¼ l saure Sahne, Salz, weißer Pfeffer.

Bohnen (weiße eine Nacht vorher einweichen, grüne in kleine Stücke schneiden) und Kartoffeln werden extra und mit nur wenig Wasser gar gekocht, dann abgegossen, Kartoffeln grob zerstampft, in einen Topf zusammengetan, Buttermilch und saure Sahne dazugeben, erhitzen, aber nicht mehr kochen lassen, mit Salz und viel Pfeffer abschmecken.

Knolle (Rüben)

1 kg Rüben, 500 g durchwachsener Speck, 5 Kartoffeln, 1 Lorbeerblatt; zur Schwitze: 1 Teel. Zucker, 40 g Butter, 1 Zwiebel, 1 Eßl. Mehl, 1 Messerspitze Rosmarin, Salz, Pfeffer.

Die Rüben schälen, in fingerdicke, kurze Streifen schneiden, mit Speck und Lorbeerblatt in kaltem Wasser aufsetzen, ca. ½ Stunde kochen lassen, dann die geschälten und ebenfalls in Streifen geschnittenen Kartoffeln beigeben, noch 1 Stunde kochen. Dann Schwitze bereiten: Feingehackte Zwiebel in der Butter glasig werden lassen, Mehl und Zucker zugeben und bräunen (nicht zu stark, sonst wird sie bitter!), mit Fleischbrühe oder Wasser ablöschen. Schwitze zu den Rüben geben, noch 15 Minuten auf kleiner Flamme weiter schmoren lassen, mit Salz, Pfeffer und Rosmarin abschmecken, Speck herausnehmen, in Streifen schneiden und beim Anrichten auf die Suppe legen.

Bottermilch un Quallmänner (Buttermilch mit Pellkartoffeln)

1 kg Pellkartoffeln, 2 l Buttermilch, Salz, Pfeffer, 1 Stich Butter.

Es werden Kartoffeln in der Schale gekocht und gepellt, heiß auf tiefe Teller verteilt, Salz und Pfeffer sowie Butterflöckchen darübergetan, dann wird die Buttermilch dazugegossen.

Hunger ess der beste Koch,
schmeck et nit,
mer iss et doch

Notizen & weitere Rezepte:

Dat singt Marie-Luise Nikuta
em Fastelovend:

En Pri-, en Pra-, en Prummetaat
die maache mir hück janz parat.
E bessche sür, e bessche söß,
dann schmeck en Prummetaat
mi'r besser als jemös.

fig. 8

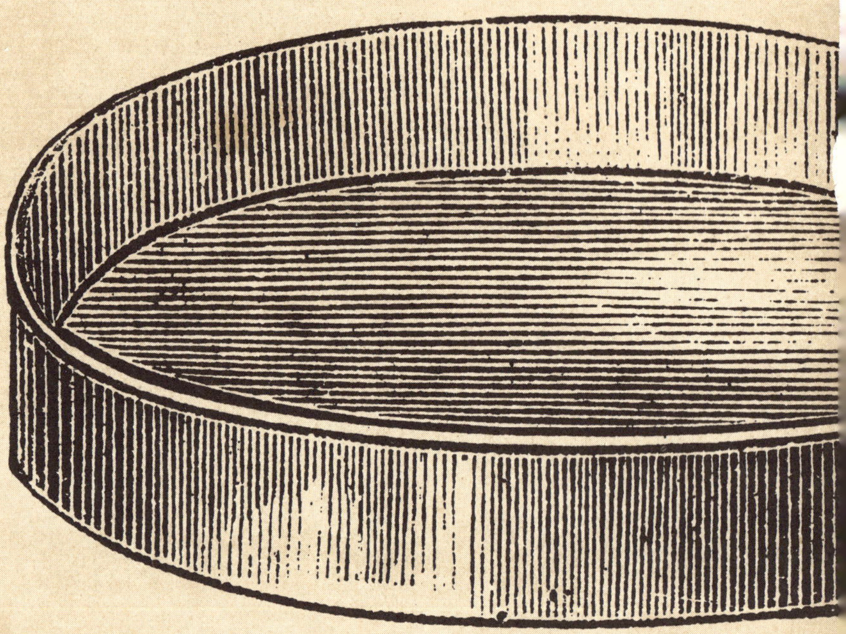

Pfannengerichte

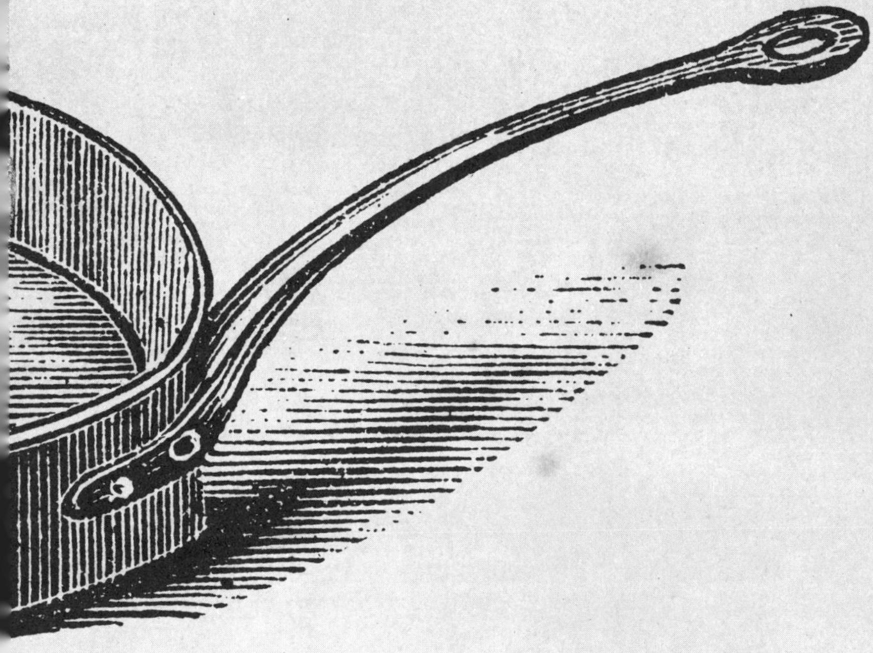

Jet Jot's us d'r Pann (Pfannengerichte)

Die schwere gußeiserne Stielpfanne ist seit alters her wichtiges Requisit der kölnischen Küche. Angefangen von „Spegeleier met Ädäppele un Schlot“ (Spiegeleier mit Kartoffeln und Salat), die ganzen Generationen als obligatorisches Abendessen dienten, bis hin zu den Rievkoche (Reibekuchen), die, bevor die neue französische Küche à la Bocuse die große Mode wurde, selbst in den feineren Kölner Restaurants zumindest freitags serviert wurden.
Herzhafte und süße Speisen werden in der Pfanne gezaubert. Für alle gilt: Sie sind sehr schnell zubereitet und auch recht preiswert. Herzhafte Pfannengerichte bilden eine sattmachende Mahlzeit, die süßen Kuchen gibt es meist als Nachtisch oder zum Kaffeklatscheng (Kaffeeklatsch). Sie schmecken aber eigentlich zu jeder Tageszeit.

Do kannste dich Buch voll schlon als

Rievkoche (Reibekuchen)

„Mam, Mam, hol ens de Pann, mir wolle Rievkoche han“ (Mutter, hol die Pfanne heraus, wir möchten Reibekuchen haben) – so besingen die Bläckfööß, eine weit über Köln hinaus bekannte Popgruppe, schon seit Jahren die Leib- und Magenspeise der Kölner. Als „Rievkocheallee“ ist die Schemmergasse im Griechenmarktviertel in die Kölner Lokalgeschichte eingegangen, und trotz Schaschlik, Pommes frites und Currywurst behauptet sich der Rievkoche vom Büdchen noch immer als des Kölners liebste Zwischenmahlzeit, wenn er in der Stadt ist. Dann werden die Rievkoche op die Häng jenomme und im Weitergehen verzehrt.

1½ kg Kartoffeln von einer festkochenden Sorte, 1 große Zwiebel, 2 Eier, 1 Teelöffel Salz, 3 Strich Muskat, etwas Mehl (möglichst Buchweizenmehl) oder Haferflocken; Öl zum Ausbacken.

Die Kartoffelsorte ist entscheidend für die Qualität der Rievkoche. Das verriet mir einmal der „Strohhut”, ein vor Jahren schon verstorbenes kölsches Original, an dessen Rievkochebüdcher im Stadtteil Ehrenfeld die Kölner ständig Schlange standen. Während die meisten Hausfrauen mehlige Kartoffeln für den Teig nehmen, bevorzugte er die festkochenden, die Ribbelchen bleiben fester und der Rievkoche wird krosser. Die Kartoffeln werden über ein Sieb gerieben, damit das überschüssige Wasser ablaufen kann. Eine nicht zu feine Reibe nehmen, es soll kein Purée entstehen. Den Teig noch etwas ausdrücken, die Zwiebel dann ganz fein darunterreiben, die übrigen Zutaten daruntergeben und gut verrühren. Je nach Feuchtigkeitsgehalt noch etwas Mehl oder Haferflocken dazugeben, so daß ein nicht zu fester Teig entsteht. In einer Eisenpfanne das Öl heißmachen (am besten geeignet ist reines Sonnenblumenöl, in der Kölner Küche wurde früher vor allem Rüböl benutzt, aber auch Rindertalg oder Pferdefett - sollte man einmal probieren); beginnt das Öl zu rauchen, mit dem Löffel den Teig in die Pfanne geben und zu Fladen flachdrücken. In eine mittlere Pfanne passen drei Rievkoche. Sie werden von beiden Seiten goldgelb gebacken, die Ränder müssen dabei richtig knusprig werden. Die Rievkoche werden heiß aus der Pfanne gegessen auf einer Scheibe Schwarzbrot oder Vollkornbrot, die mit Butter bestrichen wurde, das ganze wird gekrönt von einer nicht zu dünnen Schicht Rübenkraut oder Appelkruck, auch Wagenschmier genannt, das ist das süß-sauer-bitterlich schmeckende Apfelkraut. Hinterher gibt's - natürlich nur der Verdauung wegen - einen klaren Korn.

Rievkoche a la Räucherköbes

Hier einmal kein altes, sondern recht junges Rezept. Gerald Smrcka, ein inzwischen eingekölschter Gastronom, der neben dem Räucherköbes und einigen anderen Lokalen auch das Dionysos-Restaurant neben dem Römisch-Germanischen Museum bewirtschaftet, hat es erfunden für all die fröhlichen Zecher, die nach hartem Einsatz wieder fit werden müssen für die nächste Knobelrunde.

500 g bestes, mageres Rindertartar, 4 Zwiebeln, 2 Eigelb, Salz, schwarzer Pfeffer, 10 Kapern, 4 Sardellen 1 Teel. süßes Paprikapulver, 1 Bund Petersilie, 3 Eßl. Sonnenblumenöl.

Zwiebeln, Kapern, Sardellen und Petersilie ganz feinhacken, unter das Tartar mit dem Öl und den Gewürzen geben, gut vermischen und zu Bällchen formen. Rievkoche nach vorstehendem Rezept backen, die rohen Tartarbällchen daraufgeben und servieren.

Ädäppelspannekoche (Kartoffelpfannkuchen)

Diese Kartoffelpfannkuchen konnten zwar niemals den Rievkoche den Rang streitig machen, doch gab es sie früher öfters in fast jeder Kölner Familie.

10 mittelgroße Pellkartoffeln, 2 Eier, 1 Teel. Salz, etwas Mehl, 300 g magerer Speck in dünne Streifen geschnitten. Öl zum Ausbacken.

Die Pellkartoffeln möglichst noch heiß gepellt und durch die Pureepresse gegeben, sonst kalt gerieben. (Vom Vortag übriggebliebenes Puree eignet sich auch). Nach dem Erkalten Eier, Salz und so viel Mehl hinzugeben, daß der Teig zusammenhält. Daraus werden handtellergroße, etwa 1 cm dicke Küchelchen geformt. In die Stilpfanne wird nicht zu wenig Öl erhitzt, darin einige Speckstreifen angeröstet und auf diese dann die Pfannkuchen gedrückt. Sie müssen auf beiden Seiten goldgelb gebacken werden. Serviert wird mit Röbekrückche (Rübenkraut = Zuckersirup), man kann aber auch Zucker und Zimt oder Apfelmus dazu geben.

Jebacke Ädäppele (Gebratene Kartoffeln)

1 kg rohe Kartoffeln, festkochend, 100 g durchwachsener Speck, 50 g Schmalz, Salz, weißer Pfeffer.

Die Kartoffeln werden geschält und in Scheiben geschnitten. Den in dünne Scheiben geschnittenen Speck in der heißen, gußeisernen Stilbratpfanne ausbraten, Schmalz und Kartoffelscheiben dazugeben, würzen und zugedeckt fast gar dünsten, dann wenden und knusprig braun werden lassen. Dazu saure Gürkchen oder eingelegte Rote Beete.

Die Öhm doot jet Majoran dran

Gebrodene Äpel met Olk (Gebratene Kartoffeln mit Zwiebeln)

Wenn aus den „Jebacke Ädäppele“ einmal „Gebroden Äpel met Olk“ geworden sind, dann stammen sie nicht aus Köln, sondern aus dem Bergischen:

1 kg rohe Kartoffeln, 100 g durchwachsener Speck,
2 Zwiebeln, 1 Lorbeerblatt, 1 Eßl. Kräuteressig, Salz,
weißer Pfeffer.

Der Speck wird in feine Würfel geschnitten und in der Pfanne hell angebraten, dann die Zwiebeln dazugeben, die auch gewürfelt sein sollen. Sind diese glasig, kommen die Kartoffeln dazu, die geschält und auch noch gewürfelt sein sollen. Die Gewürze werden hinzugegeben und mit ca. ½l Wasser aufgegossen. Dann kommt ein Deckel auf die Pfanne; auf kleinster Flamme werden die Kartoffeln gegart. Ist alle Flüssigkeit verkocht, wird der Deckel abgenommen und die Kartoffelstücke von allen Seiten goldgelb gebacken.

Pillekoche (Schnippelkuchen)

Diese Eierpfannkuchen mit Kartoffeln sind seit alters her eine beliebte Fastenspeise im Rheinland und im Bergischen.

1250 g Kartoffeln, 3 Eier, 2 Eßl. Weizenmehl, 4 große
Zwiebeln, Salz, Pfeffer, Öl zum Ausbacken.

Die möglichst großen Kartoffeln werden geschält und auf der Pillekochereibe zu „Piller“ geraspelt. Auf einer mehrteiligen Haushaltsreibe kann man auch die größte Raspel dazu benutzen. Eier und Mehl werden daruntergerührt, die Zwiebeln auf feinster Reibe puriert und ebenfalls gut in den Teig verarbeitet, der dann mit Salz und Pfeffer abgeschmeckt wird. In einer eisernen Stilpfanne wird reichlich Öl heißgemacht, dann von dem Teig (die Masse ergibt etwa 4 Stück) dicke Pfannkuchen in der Pfanne geformt, die auf beiden Seiten kroß und knusprig gebacken werden. Die Pfanne beim Backen mit einem Deckel schließen. Dazu ißt man Schwarzbrot mit Butter und Rübenkraut.

Met leddigen Därme
es nit god lärme

Leineweber

Eine etwas andere Art der Pillekoche sind die Leineweber, die in weiten Teilen des Rheinlandes bekannt sind.

750 g gekochte Kartoffeln (Reste vom Vortag), 2 Eier, 2 Eßl. Mehl, etwas Milch, Salz, Öl zum Ausbacken.

Die Kartoffeln werden in Scheiben geschnitten, Eier, Mehl, Salz und Milch zu einem Pfannkuchenteig verrühren. Das Öl wird in der Pfanne erhitzt, Kartoffelscheiben hineingeben und Pfannkuchenteig darübergießen, auf beiden Seiten goldgelb backen, portionsweise servieren, dazu Salat geben.

Ädäppelesplätzjer oder Äpelsplätzkes (Kartoffelplätzchen)

1 kg mehlige Salzkartoffeln, 2 Eier, 2–3 Strich Muskatnuß, 1 Eßl. Kartoffelmehl, Salz, Butter zum Ausbacken.

Die kalten Salzkartoffeln werden mit Eiern, Muskatnuß und Kartoffelmehl zerstampft und zu einem festen Brei verarbeitet, evtl. nachsalzen. Aus dem Teig werden flache, etwa handtellergroße Kuchen geformt, die in Butter auf beiden Seiten goldbraun gebacken werden. Dazu gibt es meistens Schlot (Salat), der je nach Saison variiert. Kinder bevorzugen statt des Salats oft Rübenkraut, das auf die Plätzchen gestrichen wird.

Jrönkoche (Grüne Kuchen)

4 Eier, 250 g Mehl, ½ l Milch, 4 Bund Schnittlauch, Salz, 250 g durchwachsener, geräucherter Speck, Schmalz zum Ausbacken.

Die Eier in einer Schüssel mit dem Schneebesen schlagen, Mehl und Milch portionsweise dazugeben, so daß ein glatter, nicht zu fester aber zähflüssiger Teig entsteht. Das Schnittlauch wird in kurze Röllchen geschnitten und direkt unter den Teig gehoben. In der eisernen Stilpfanne etwas Schmalz zerlassen, dünne Speckscheiben darin anrösten und

dann so viel Teig dazugeben, daß der Boden bedeckt ist. Die Grönkoche sollen auf beiden Seiten hellbraun gebacken werden, mehrmals schütteln und wenden.
Dazu ißt man meistens grünen Salat.

Verwenntschnettcher (Armer Ritter)

500 g altes Weißbrot, ½ l Milch, 4 Eier, Salz; Zimt und Zucker zum Bestreuen, Butter zum Ausbacken.

Das 2 bis 3 Tage alte Weißbrot in daumendicke Scheiben schneiden, in der Milch kurz einweichen und dann in die mit Salz verquirlten Eier tauchen. In der eisernen Stilpfanne wird Butter erhitzt, darin die Brotscheiben auf beiden Seiten knusprig braun backen. Mit Zimt und Zucker bestreut servieren.

Bei der Frechener Tant jov et Vanillchezaus, Äppelkumpott oder Röverkruck dobei

Beddelmann (Bettelmann)

500 g Schwarzbrot, 1 Tasse Milch, 4 Eier, Salz, Schmalz zum Ausbacken.

Man sollte altes Schwarzbrot nehmen, das zerbröckelt wird. Aus Milch, Eier und Salz wird ein Teig geschlagen, in der Eisenpfanne das Schmalz erhitzt, der Teig hineingegossen und das Schwarzbrot dazugegeben. Der Beddelmann wird knusprig braun gebacken, man aß ihn meist zum Abendbrot, dazu gab es Salat.

Noch ein Kleckschen Butter drauf! lecker!

Bochweizenköchelcher (Buchweizenpfannkuchen)

2 Tassen ausgesiebtes Buchweizenmehl, 2 Tassen heißes Wasser, 3 Eßl. saure Sahne, 125 g Korinthen, Salz, ½ Paket Hefe, Schmalz zum Ausbacken, 100 g Zucker, Puderzucker zum Bestreuen.

Die Hefe wird in ein wenig warmer Milch und einer Prise Zucker aufgelöst, das Mehl in eine Schüssel getan, in der Mitte eine Vertiefung, in die die Hefe getan wird, mit Mehl überstäuben und gehen lassen. Bricht die obere Mehlschicht, mit dem Löffel das Mehl unter die Hefe rühren, dabei nach und nach die restlichen Zutaten dazufügen. Der Teig muß zum Schluß noch einmal tüchtig geschlagen werden, dann stellt man ihn zum Aufgehen an einen warmen Ort. Später werden daraus handtellergroße flache Küchelchen geformt, die in heißem Schmalz von beiden Seiten goldbraun zu backen sind. Noch heiß mit Puderzucker bestreuen und servieren.

Keeschekoche (Kirschpfannkuchen)

200 g Weizenmehl, 6 Eier, ¼ l Milch, 250 g Sauerkirschen (Schattenmorellen), 4 Eßl. Zucker, Salz, Zimt, Butter zum Ausbacken, Puderzucker zum Bestreuen.

Mehl in eine Schüssel tun, Milch mit dem Zucker verrühren und anwärmen, etwas Salz und eine Prise Zimt dazugeben und dem Mehl unter ständigem Rühren beifügen. Eigelb von Eiweiß trennen, schlagen und ebenfalls unter den Teig rühren, Eiweiß zu Schnee schlagen und zum Schluß darunterheben. Die Sauerkirschen werden entkernt. In der Pfanne Butter heißmachen, eine dünne Teigschicht hineingießen, Kirschen darauf legen und mit etwas Teig bedecken. Die Kuchen von beiden Seiten goldgelb backen. Vor dem Servieren Puderzucker drüberstäuben.

Worbelekoche (Blaubeerkuchen)

Blaubeertörtchen mit Schlagsahne obendrauf, wie es sie beim Konditor gibt, sind sicher eine leckere Sache. Keinesfalls zu verachten sind aber die Worbelekoche nach kölscher Hausfrauenart, wie sie vor allem früher ganz frisch aus der Pfanne nachmittags zum Kaffeklatschang (Kaffeeklatsch) der Nachbarin und Freundin serviert wurden oder auch zum Abendbrot als sattmachende Mahlzeit auf den Tisch kamen.

750 g Blaubeeren, 3 Eier, 300 g Mehl, ½ l Milch, 7 Eßl. Zucker, 3 Eßl. Paniermehl, Salz, Sonnenblumenöl zum Ausbacken, Zimt und Zucker zum Bestreuen.

Blaubeeren verlesen, waschen und im Sieb abtropfen lassen. Eier mit ca. 2 Prisen Salz verrühren, nach und nach Mehl und Milch dazufügen, so daß ein glatter Teig entsteht. In der Eisenpfanne Öl gut heiß werden lassen, eine Schicht Teig hineintun und darüber eine Schicht mit den mit Zucker vermischten Blaubeeren geben, mit etwas Paniermehl überstreuen. Bei häufigem Schütteln die Unterseite goldgelb backen, dann den Kuchen wenden und ebenfalls goldgelb backen. Auf den Teller geben, daß die Beerenseite wieder nach oben kommt, mit Zimt und Zucker bestreuen.

Rätsel

Et hängk an der Wand,
es janz schwatz un hät
de Fott verbrannt.
Wat es dat?

(de Pann)

fig · 9

Kuchen (Jebäcks)

Jebäcks (Kuchen)

„Jet Jots ze Schnabbeleere“ hat man im Rheinland schon immer gerne gehabt. Etwas Süßes als Zwischenmahlzeit, besonders zum beliebten nachmittäglichen „Kaffeklatschang“, wurde mit viel Fantasie und mit den einfachsten Mitteln gezaubert. Hierfür als Beispiel die

Platzbotteramm (Schwarzbrot mit Platz)

Vor allem die Kinder erhielten zur nachmittäglichen Kaffeestunde eine Platzbotteramm zum Spielen mit auf die Straße, aber auch beim Kaffeeklatsch unter Nachbarinnen wurde sie gerne angeboten.

Je 4 Scheiben Schwarzbrot und Korintheplatz (Milchweißbrot mit Korinthen), Butter.

Schwarzbrot- und Platzscheiben werden mit Butter bestrichen und aufeinandergeklappt.

Kommt unverhofft Besuch, werden auch schon einmal Pfannkuchen gebacken (siehe Pfannengerichte), für die es eine Fülle von Rezepten gibt. Oma aber hatte sicher in ihrem Schrank versteckt immer eine Blechdose mit „Beschüttcher“ zum Anbieten.

Beschüttcher (Zuckerzwieback)

1 Paket Zwieback, 2 Pakete Puderzucker, 1 Zitrone, Kirsch- oder Johannisbeersaft, Zimt, Kakao, Milch.

Der Puderzucker wird portionsweise mit den verschiedenen Zutaten angerührt und dick auf die Zwiebäcke aufgepinselt. Nach dem Trocknen in einer verschlossenen Blechdose aufbewahren.

För de Pänz oder de Besök
bei en Vanillche

Oft gibt es zum Kaffee, Makei auf Schwarzbrot gestrichen und obendrauf noch Rübenkraut geschmiert.

Makei (süßer Quark)

500 g Klatschkies (Schichtkäse), 4 EL Zucker, 1 TL Zimt, etwas Sahne oder Milch

Der Klatschkies wird mit Zucker und Zimt sowie etwas Sahne oder Milch zu einem Brei verrührt. Man ißt Makei auch als Nachtisch.

Wä'mer Klatschkies iss
dann leh't mer got fläute.

Viele Seiten der handgeschriebenen Kochbücher füllen aber spezielle Backrezepte. Das geht vom „Streukoche", dem eigentlich in Schlesien beheimateten Streuselkuchen, dem „Rodong" bis hin zu den saisonalen Gebäcken, die Karneval, Weihnachten oder zu anderen Anlässen auf die Kaffeetafel gehören.

Appeltaat (Apfelkuchen)

80 g Butter, 4 EL Zucker, 1 Eigelb, 200 g Mehl, 10 g Hefe, knapp ⅛ l Milch, 1 großes Glas Apfelmus

Mehl in die Teigschüssel sieben, Butter in kleine Flöckchen schneiden, mit Zucker, Eigelb und 1 Prise Salz und der in lauwarmen Milch aufgelösten Hefe vermengen und so lange kneten, bis der Teig Blasen schlägt. 1 knappe Stunde gehen lassen, dünn ausrollen, eine runde Tortenspringform einfetten, Boden und Rand mit Teig bedecken, das Apfelmus hineingeben und aus dem ausgerollten Restteig dünne Streifen rädeln, die gitterförmig über den Kuchen gelegt werden. Noch einmal an einem warmen Ort zugedeckt 20 Minuten gehen lassen und bei guter Hitze ca. ½ Stunde backen. Mit Hagelzucker bestreuen.

Obstaat (Rheinischer Obstkuchen)

Schon Sophie von Berg hat in ihrem um die Jahrhundertwende erschienenen „Kochbuch für die bürgerliche Küche" den Rheinischen Obstkuchen als besondere Spezialität empfohlen: „Am Rhein fehlt er selten in der Obstzeit auf der Mittagstafel." Er wird, noch etwas warm, als Dessert gereicht. Es eignet sich dazu praktisch jedes frische Obst.

125 g Butter, 1 Ei, 4 EL saure Sahne, 1 kl Tasse Wasser, ca. 250 g Mehl, 1 TL Backpulver, 250 g Zukker, 5 Zwiebäcke, Salz, 500 g Obst

Die Butter wird schaumig gerührt, Ei, Salz, Sahne, Wasser und 1 TL Zucker dazugegeben, dann so viel Mehl darunter gerührt, daß sich der Teig rollen läßt. Er wird dann auf dem Tisch wie Blätterteig ausgearbeitet. Zum Backen nimmt man eine runde Schwarzblechform mit ca. 3 cm hohem, gewelltem Rand, die gut eingefettet sein muß. Der ausgerollte Teig wird hineingetan, die über den Rand hinausragenden Stücke abgeschnitten und zum Ausflicken von dünnen Stellen benutzt. Den Zwieback zerstoßen und auf den Boden geben, er soll den Saft der Früchte aufnehmen, ihn dick einzuckern, die vorbereiteten Früchte darüber geben und nochmals Zucker darüberstreuen. Bei mäßiger Hitze ca. 1 Stunde backen.

Prummetaat (Pflaumenkuchen)

Zum rheinischen Pflaumenkuchen gehört auf jeden Fall Hefeteig. Man kann diesen auf gewohnte Weise zubereiten, nach dem Rezept der Gleueler Öhm schmeckt er aber besonders gut.

125 g Butter, 125 g Zucker, 4 Eigelb, 1 Tasse warme Milch, 750 g Mehl, 1 Paket Hefe, ca. 1 kg frische entkernte Pflaumen, Zimt und Zucker zum Bestreuen

Die Hefe wird mit etwas Zucker in der Milch völlig aufgelöst. Butter schaumig rühren, Zucker, Eigelb und die aufgelöste Hefe dazugeben, Mehl löffelweise darunter geben und die Masse so lange mit dem Holzlöffel schlagen, bis ein glatter Teig entsteht. Nach dem

Gehen wird der Teig ausgerollt, auf ein Backblech getan, so daß der Rand etwas übersteht, er wird dick mit Pflaumen belegt und bei guter Hitze gebacken. Noch warm wird er in Stücke geschnitten, dick mit Zimt und Zucker bestreut und gleich gegessen.

Hippen (Rhein. Tütchen)

Beide Enden in geschmolzene Schokolade stippen

125 g Mehl, 125 g Zucker, 2 Eier, Mark 1 Vanilleschote, Sahne- oder Buttercreme als Füllung

Eier und Zucker schaumig rühren, bis der Zucker geschmolzen ist, dann Mehl und Vanillemark dazurühren. Auf einem Hippeeisen (eine quadratische Backplatte) einen Teelöffel voll Teig geben, ganz dünn ausstreichen und im sehr heißen Ofen kurz backen, dabei nie mehr als 2 Hippen auf einmal backen. Noch heiß mit dem Messer vom Eisen lösen, um einen dicken Kochlöffelstil zu Tütchen drehen, die nach dem Erkalten mit Creme gefüllt werden.

Püffelche (Hefeküchelche)

½ kg feines Buchweizenmehl, 6 Eier, 1 Tasse abgeklärte Butter, 4 EL Zucker, 1 Messerspitze Zimt, das Abgeriebene 1 Zitronenschale, ½ l Milch, 1 Paket Hefe, 1 - 2 Tassen Korinthen

Aus der Hälfte Mehl, Hefe etwas Zucker und warmer Milch einen Vorteig machen, gehen lassen. Butter erwärmen, so lange abschäumen, bis alle Flocken heraus sind, dann wieder auf Temperatur der anderen Backzutaten abkühlen lassen. Butter und übrige Zutaten (von 4 Eiern trennt man das Eiweiß, das zu Schnee geschlagen zum Schluß untergerührt wird) unter den Teig arbeiten, gut durcharbeiten und aufgehen lassen. Dann kleine Bällchen formen und in der Püffelche-Pfanne von beiden Seiten braun backen.

Püffelche-Pfannen gibt es in Spezialgeschäften und überall in Holland

Bollebäuschen (Krapfen)

Im Bergischen Land werden die Bollebäuschen oft wie Püffeltche in der Spezialpfanne gebacken, wobei zum Ausbacken Butterschmalz verwendet wird. Im übrigen Rheinland benutzt man meist heißes Öl im gußeisernen Topf dazu. Bollebäuschen gibt es vor allem zum Jahreswechsel, aber auch in der Karnevalszeit.

500 g Mehl, 30 g Hefe, 100 g Butter, 100 g Zucker, 2 Eier, Mark 1 Vanilleschote, ¼ l Milch, 200 g Rosinen und Korinthen, 150 g gestiftete Mandeln, Zucker zum Bestreuen

Mehl in die Backschüssel sieben, Vertiefung machen, darin die in etwas lauwarmer Milch und 1 Prise Zucker aufgelöste Hefe zu einem Vorteig rühren, ca. ½ Stunde gehen lassen, dann die übrigen Zutaten unterschlagen, bis sich der Teig von der Schüsselwand löst. Zuletzt die Rosinen und Korinthen zugeben, die nach dem Waschen in Mehl gewälzt werden. Den Teig 1 knappe Stunde gehen lassen, dann mit dem Eßlöffel Bällchen abstechen, die im heißen Fett goldgelb ausgebacken und noch heiß mit Zucker bestreut werden.

Elberfelder Krengel (Hefekringel)

½ kg Mehl, ⅛ kg Butter, 125 g Zucker, 2 Eier, 1/16 l Milch, 1 Tasse Korinthen und Konfitüre, 1 TL Zimt, 50 g Hefe

Die Hälfte des Mehls mit der Milch, der Hefe und den Eiern gehen lassen, dann Zucker, Butter und das übrige Mehl unterarbeiten, den Teig nicht zu dünn ausrollen; dann mit Gelee bestreichen und vorsichtig aufrollen, und wenn der Kranz gut gegangen ist mit Zucker bestreichen und ¾ Std. backen.

Röhrkoche (Rührkuchen)

Den in einem Napf aus Blech oder Ton gebackenen Rührkuchen gibt es in mannigfacher Form im Rheinland. Auf dem Flohmarkt fand sich das handgeschriebene Kochbuch einer Marie Mönkemeyer aus Köln-Lindenthal, die in steiler Sütterlinschrift ein Rezept in Versform notiert hat. Auch wenn ihre Mengenangaben (das Buch wurde wohl so um 1900 zusammengestellt) unserem Magen nicht immer zuträglich sein dürften, sei es hier festgehalten:

Geest, Flott und Brandwein,
Muß jedes eine Tasse sein.
Nimm 5/4 Pfund gute Butter,
So hat uns gesagt die Mutter,
Rühre solches bis zum Schaum
Mit der Kelle vom Ahornbaum.
Von 15 Eiern nimm das Gelbe,
Misch es freundlich in daß selbe.
Anderthalb Pfund Weizenmehl
Mußt Du nehmen ohne Fehl.
Um dem Luxus auch zu dienen
Nimm Corinthen und Rosinen (1/4 Pfund)
Schlag das Eiweiß bis zum Schaum
Mit der Kelle vom Fichtenbaum,
Daß der Kuchen gut aufgeht
Und auch gut schmeckt zum Thee,
Gieb ihm noch ein wenig Mandeln,
Dann laß ihn zum Ofen wandeln.
Zucker nach Belieben.
(Darauf fand sich kein Reim mehr.)

Kirmesplatz oder Boreplatz (Kirchweih- oder Bauernplatz)

1000 g Mehl, 60 g Butter, 40 g Zucker, 1 Paket Hefe, ½ l Milch, je 1 Tasse Rosinen und Korinthen, etwas Muskatblüte, Salz

Es wird ein normaler Hefeteig bereitet, unter den zum Schluß die Rosinen und Korinthen geknetet werden. Er wird dann entweder zu einer Kugel gerollt, auf ein Backblech gelegt und muß dort noch einmal gehen, oder aber man tut ihn in eine längliche, gut eingefetettete Kastenform, schneidet ihn oben der Länge nach ein und läßt ihn ebenfalls gehen. Vor dem Backen die Oberfläche mit Milch einpinseln. Bei guter Hitze backen, evtl. zum Schluß abdecken, damit er nicht schwarz wird.
Platz gibt es zur Kirmes, aber oft auch sonntags, er wird in Scheiben geschnitten und mit Butter bestrichen. Beliebt ist die Platzbotteramm: Auf eine gebutterte Schwarzbrotscheibe wird eine Scheibe Platz gelegt.

Kirmesflade (Kirmeskuchen)

Diese Spezialität aus dem Jülicher Land hat Sophie von Berg in ihrer um die Jahrhundertwende erschienenen „Guten bürgerlichen Küche" notiert:
Aus einem guten Weißbrotteig oder einem guten Tortenteig, der erst gut aufgegangen und dann 1/2finderdick ausgerollt ist, formt man nach Belieben etwa tellergroße runde Kuchen (Böden), die mit Mus oder Kräutchen aus getrockneten Äpfeln, Birnen, Pflaumen etc. bestrichen und, wenn wieder aufgegangen, leicht braun gebacken werden. Vor dem Auftischen bestreut man die Fladen mit Zucker.
Das Fladenkräutchen. Getrocknete Äpfel oder halb Äpfel, halb Birnen wäscht man gut, setzt sie tags vor dem Gebrauch zum Weichen in Wasser und nachdem sie geweicht, setzt man sie mit demselben Wasser aufs Feuer, läßt sie unter Beigießen von kochendem Wasser weich kochen, schüttet sie auf einen Durchschlag und schlägt sie durch. Dann rührt man den nötigen Zucker zum Kraut oder Mus, nebst Zimt und Anissamen und läßt es einige Stunden stehen, bevor man es aufstreicht.

Weckmännche (Martinsmännchen)

Das Weckmännche, auch Weggemann genannt, gibt es für die Kinder am Martinsabend, nachdem sie mit ihren Laternen durch die Straßen gezogen sind. Während heute schon bald nach den Sommerferien die Bäcker ein Geschäft mit dem Weggemann zu machen trachten, gab es sie früher erst ab Martinsabend bis zum Nikolaustag, und auch dann nur als besondere Belohnung. Der echte Weggemann ist nach Prof. Wrede aus Mürbeteig und wird am Nikolaustag abgelöst durch das „Hellijemannskälche" aus Hefeteig. Heute wird nicht mehr so unterschieden, man nimmt meist Hefeteig. Von der Gleueler Öhm wurden solche Weckmännche (Rezept für 2 - 4 Stück) mit folgenden Zutaten gebacken:

250 g Weizenmehl, 150 g Butter, 3 Eigelb, Abgeriebene einer ½ Zitrone, Mark 1 Vanilleschote, 1 Messerspitze Zimt, 4 - 8 möglichst große Korinthen, 2 - 4 kleine Pfeifen aus Ton

Mehl auf ein Backblech sieben, in die Mitte Vertiefung drücken, dahinein die Eigelb und Gewürze, Butter in Flocken drumherumgeben und mit dem Backmesser oder einer Gabel einen Vorteig bereiten, unter den dann sehr rasch das Mehl geknetet werden muß. Den Teig etwas ruhen lassen, dann nicht zu dünn ausrollen und Männerfiguren ausschneiden. Jeweils zwei Korinthen werden als Augen eingedrückt, anstelle des Mundes kommt die Spitze der Tonpfeife, die der Länge nach in das Männchen gedrückt wird. Die Männchen vorsichtig auf ein Backblech geben, bei Mittelhitze goldbraun backen.

Pfeife aufheben zum Seifenblasen

Hellijemannskälche (Nikolaus-Männchen)

Diese Männchen aus Hefeteig werden heute meist als „Weckmännche" vom Martinstag bis Nikolaus angeboten. Für etwa 6 Helligemannskälche benötigt man:

300 g Mehl, 30 g Hefe, 80 g Zucker, 80 g geklärte und wieder abgekühlte Butter, 4 Eigelb, 1 Faden Safran, 1 Prise Salz, etwas Milch, 12 Korinthen, 6 kleine Tonpfeifen

Mehl in eine Schüssel sieben und in der Mitte eine Grube machen, Hefe mit einer Prise Zucker und etwas lauwarmer Milch verrühren, die die Grube schütten, mit Mehl bestäuben und gehen lassen, dann 3 Eigelb und übrige Zutaten beigeben (die geklärte Butter muß auf Raumtemperatur abgekühlt sein) und daraus einen glatten, festen Teig kneten; nochmals gehen lassen, dann ausrollen, Männer-Figuren ausschneiden, die 2 möglichst große Korinthen als Augen erhalten, mit dem restlichen Eigelb bestreichen, in einem Arm die Tonpfeife einklemmen, noch einmal kurz gehen lassen und dann bei Mittelhitze hellbraun backen.

Kreßstolle (Weihnachtsstollen)

Der rheinische Weihnachtsstollen hat – unverständlicherweise – immer etwas im Schatten seines Konkurrenten aus Dresden gestanden. Dabei kann er sich, was die Inhaltsschwere angeht, durchaus mit dem Gebäck aus Sachsen messen und hat darüber hinaus noch ein besonders süßes Herz aus Marzipan.

1500 g Mehl, ½ l Milch, 100 g Hefe, 250 g Zucker, 2 Eier, 250 g Rindertalg, 250 g Butter, das Abgeriebene von 2 Zitronenschalen, 1 TL Salz, 1 TL Zimt, 1 Messerspitze Kardemom, Mark aus 3 Vanilleschoten, 2 Strich Muskat, 200 g süße und 5 bittere Mandeln, 500 g Rosinen, 250 g Korinthen, je 100 g Zitronat und Orangeat, ⅛ l Rum; Butter zum Bestreichen, Vanille- und Puderzucker zum Bestreuen. 750 g Marzipanmasse

Am Abend vor dem Backen Mandeln abziehen, fein reiben, Orangeat und Zitronat klein würfeln, mit Rosinen, Korinthen und den übrigen Gewürzen in eine Schüssel geben, mit Rum übergießen und zugedeckt stehen lassen. Alle Zutaten an einem warmen Ort bereitstellen. Am nächsten Tag das Mehl in die Backschüssel sieben, mit etwas Zucker und warmer Milch die Hefe auflösen und Vorteig ansetzen. Ist der gegangen, das Fett schmelzen, Restmilch erwärmen (beides nicht über 30°) und zusammen mit den Eiern in den Teig kneten. Das ist eine mühsame Arbeit, er muß lange bearbeitet werden und ist erst gut, wenn er sein feuchtglänzendes Aussehen verloren hat und nicht mehr klebt. Jetzt erst werden die rumgetränkten Früchte in den Teig gedrückt, der mindestens ½ Stunde gehen muß. Schließlich wird der Teig zu Kugeln von ca. 1 kg geformt, die zu dicken, länglichen Fladen gedrückt werden. Auf der Breitseite wird mit dem Nudelholz eine Delle gedrückt, in die eine Rolle Marzipanmasse gelegt wird, dann werden die Seiten übereinander geschlagen, daß ein länglicher Stollen entsteht, diesen auf das Backblech legen, das mit eingefettetem Pergamentpapier ausgelegt ist und noch einmal ½ Stunde gehen lassen. Dann bei 220° etwa 1 Stunde backen lassen. Noch heiß dick mit zerlassener Butter einstreichen, mehrmals in Vanillezucker wälzen und dann dick mit Puderzucker bestreuen.

Wer keine Zeit zum Backen hat: Konditorei Gebr. Oebel, Schulstr. 1-23, 5000 Köln 91, verschickt ihn nach Hausmacherrezept in alle Welt.

Spekulatius

Bei diesem rheinischen Weihnachtsgebäck schwört, wie bei allen Spezialitäten, jeder auf sein eigenes Familienrezept. Für uns sind die aus dem Kochbuch der Tante Sophie aus dem Severinsviertel am besten:

750 g Zucker, 400 g Butter, 6 Eier, ⅛ l Milch, 250 g Mandeln, 1 TL Zimt, 3 Schoten Vanille, das Abgeriebene von 2 Zitronen, je 1 Messerspitze Kardemom, Nelken und Salz, 2 Strich Muskat, 3000 g Weizenmehl, 10 g Hirschhornsalz

Das Mehl auf ein Backbrett sieben, in die Mitte große Vertiefung machen, dorthinein kommen die weichgerührte Butter, Zucker, Eier, die geschälten, feingeriebenen Mandeln, das Mark der Vanilleschoten

sowie die übrigen Gewürze. Alles gut durchrühren, dann die Milch mit dem darin aufgelösten Hirschhornsalz unterrühren und das Mehl von außen her wie bei Mürbeteig schnell darunterarbeiten. Der Teig muß mindestens 20 Minuten kühl ruhen.
Das Holzmodel (mit eingeschnitzten Figuren) gut mehlen, Teig stückweise ausrollen auf das Model legen und mit dem Handballen in die Formen drücken, überstehender Teig wird mit heißem Messer abgeschnitten, die Spekulatius auf ein Tuch ausklopfen, dann vorsichtig auf ein gefettetes Blech legen und mit Milch bestreichen. Bei 200° etwa 15 Minuten backen.

Öcher Printe (Aachener Printen)

500 g Rübenkraut (Zuckersyrup), 4 EL Wasser, 125 g Zucker, 150 g brauner Kandiszucker, 50 g Orangeat, ½ TL Anis, 1 gute Messerspitze Koriander, je 2 Prisen Piment und Nelkenpulver, 5 g Pottasche, 1 Prise Natron, 600 g Mehl

Kochtopfboden mit 4 EL Wasser bedecken, anwärmen, das Rübenkraut dazugeben und erhitzen, damit es gut flüssig wird, dann den Zucker darin auflösen. Den Kandiszucker im Mörser zerbröckeln, Orangeat fein würfeln, die übrigen Gewürze unter das Mehl mengen und alles nach und nach unter die Syrupmasse rühren bzw. kneten. Pottasche und Natron in wenig Wasser auflösen und dem Teig zufügen. Ihn dann einige Stunden ruhen lassen, bevor er ca. 3 - 4 mm dick ausgerollt wird. Es werden 3 x 8 cm große Rechtecke ausgeschnitten, die auf ein mit Wasser besprengtes Blech gesetzt werden, mit Milch bestreichen und bei 220° etwa 15 Minuten lang backen.

Ca. 4 Wochen vor dem Fest backen und in einer Blechdose gut verstecken damit Papa sie nicht findet.

Neujorschbretzel (Neujahrsbrezel)

500 g Mehl, 30 g Hefe, 100 g Butter, 50 g Zucker, ⅛ l Milch, Abgeriebenes von 1 Zitrone, 1 Faden Safran, 1 Eigelb, Hagelzucker zum Bestreuen

Mehl in die Backschüssel geben, Vertiefung machen, Hefe mit etwas Zucker und warmer Milch verrühren, Vorteig in der Schüssel bereiten und gehen lassen. Nach ca. ½ Stunde mt den restlichen Zutaten gut kneten, bis er nicht mehr klebt. Teig in drei gleiche Teile aufteilen, von jedem Stück eine möglichst lange Rolle machen, die nach den Enden zu dünner wird, dann von der Mitte ausgehend nach jeder Seite Zöpfe flechten, das Gebäck auf ein Blech geben und zu einem Kringel formen, noch einmal aufgehen lassen, dann mit dem gequirlten Eigelb bestreichen und mit Hagelzucker dick bestreuen. Bei gut 200° ca. ½ Stunde backen.

Un ingeber e Täßche Schnäpsche

Muuze (Karnevalsgebäck)

Fastelovend ohne Muuze ist unvorstellbar im Rheinland. Wie die Muuzemändelcher gehören sie einfach mit dazu. Und wurden sie früher vor allem am „Fettdonnerstag" gebacken, dem Weiberfastnachtstag, sind sie heutzutage nicht nur beim „Kaffeeklatschang" der Hausfrauen beliebt, bei keiner Karnevalsparty dürfen sie fehlen als süße Knabberei, die hinterher wieder manchen Klaren verträglicher macht.

500 g Mehl, 125 g Butter, 125 g Zucker, 2 Eier, 1 Schnapsglas Rum, 1 TL Backpulver, knapp ⅛ l Milch, Puderzucker zum Bestreuen, Öl zum Ausbacken

Butter zergehen lassen, mit Zucker, Rum und Eiern schaumig rühren, dann die übrigen Zutaten beigeben und solange rühren, bis der Teig Blasen wirft, möglichst dünn ausrollen, schräg geschnittene Vierecke (ca. handtellergroß) ausrädeln, im heißen Öl schwimmend goldgelb ausbacken, sofort mit Puderzucker bestreuen. Nach dem Backen mit Rosenwasser übersprengen.

Muuzemändelcher (Rhein. Muzemandeln)

Nicht umsonst nennt sich die angesehenste Karnevalistenvereinigung des Rheinlandes „Muuzemändelcher". Sie genießen die gleiche Beliebtheit wie das berühmte Fastnachtsgebäck.

750 g Mehl, 250 g Zucker, 150 g geriebene Mandeln, 100 g Butter, 6 Eier, mit 1/8 l süße Sahne, 1 Glas Rum, Mark 1 Vanilleschote, 2 Päckchen Backpulver, Zukker zum Bestreuen, Öl zum Ausbacken

Zucker mit Butter, Eier und Rum schaumig rühren, die übrigen Zutaten dann rasch unterarbeiten, den Teig etwas ruhen lassen. Dann ca. 1 cm dick ausrollen, mit besonderen Muuzen-Formen tropfenförmige Mandeln ausstechen und schwimmend in heißem Fett goldgelb backen, sofort in reichlich Zucker wenden.

Gipfel aller süßen Schlemmerei ist für den Rheinländer aber zweifelsohne die

Bergische Kaffeetafel

Wer von Köln ins Rechtsrheinische fährt, findet spätestens direkt hinter der Stadtgrenze die ersten Hinweisschilder „Bergische Kaffeetafel" vor. Und in dem Mittelgebirge zwischen Ruhr und Sieg gibt es unzählige Ausflugslokale, die sich auf dieses alte bergische Gericht spezialisiert haben. Es ist eine deftige Angelegenheit, wie alles, was das Bergische Land zu bieten hat, ersetzt durchaus eine Mittagsmahlzeit und schmeckt besonders gut, wenn man nach einem längeren Spaziergang auf eines der gemütlichen Gasthäuser trifft, wo es schon im Flur herrlich nach Kaffee duftet. In einem vom Gebietsausschuß für Fremdenverkehr im Bergischen Land herausgegebenen kulinarischen Führer „Essen und Trinken im Bergischen Land" wird eine solch Kaffeetafel original beschrieben:
„Koffedrenken mit allem Dröm on Dran", so heißt die Festtagszeromonie auf gut bergisch. Am Nachmittag, zur „Kofferdrenkenstiet" bereiten wir die „Bergische Kaffeetafel": Der Tisch ist mit Zwiebelmuster-Service gedeckt. Auf Tellern, Schalen und Schüsseln steht alles bereit: Korinthenstuten, Milchreisbrei, Bienenhonig, Schwarzbrot,

Quark, Butter, Waffeln, Zucker und Zimt, Burger Brezeln und Apfelkraut. Zuletzt bringt man die Königin der Kaffeetafel, die „Koffekann" mit Namen Dröppelmina.
Im Bergischen Land darf der Kaffee nicht zu dünn sein. Wie man sagt, kann man „de Koffe met Water verderwen"; übrig bliebe nur noch das oft bewitzelte „Koffegeschläpps"; es wäre eine Beleidigung für jede Dröppelmina, sie mit Pantschkaffee zu ertränken.
Die Schnitte Korinthenstuten belegt man mit Butter, bestreicht sie mit Honig oder Kraut und gibt darüber eine fingerdicke Reisschicht; darauf streut man Zucker und Zimt. Hat man diese Vorspeise verzehrt, schmecken Waffeln besonders gut. Der dritte Gang besteht aus einer Schnitte Schwarzbrot (nicht Pumpernickel!), die man mit Butter und Quark bestreicht. Danach bricht man dann Burger Brezeln. Wenn man mag, kann man das Dröppelmina-Festmahl mit einer Runde gezuckertem Klaren oder mit Aufgesetztem verlängern.

Zur echten Bergischen Kaffeetafel gehört, wie wir gesehen haben, also unbedingt ein Milchreis. Er war aber auch schon im mittelalterlichen Köln eine besondere Leckerspeise bei Zunft-, Meister- oder Hochzeitsessen.

Das Rezept von Tante Sophie:
Reis einmal aufkochen und dann unterm Federbett gar ziehen lassen.

Riespapp (Reisbrei)

2 l gute Vollmilch (möglichst vom Bauern), 250 g Rundkornreis, 1 Vanilleschote, 1 EL Butter, Salz

Den Reis in ein Sieb tun, kochendes Wasser darübergießen und gut abtropfen lassen. In einem Topf die Butter zerlaufen lassen, die Milch und die Gewürze (Vanilleschote auskratzen) dazugeben und zum Kochen bringen, dann den Reis hineingeben, kurz aufwallen lassen und schließlich am äußersten Herdrand ganz langsam bei öfterem Rühren quellen lassen (er soll nicht kochen). Man ißt ihn mit Zucker und Kaniel (gemahlenen Zimt), wer will, kann den Riespapp auf dem Teller als Berg aufhäufen, in der Mitte einen Krater drücken und dorthinein zerlassene braune Butter gießen.

Riesflade (Reiskuchen)

Die Reiskuchen waren im mittelalterlichen Köln ein besonderes Festtagsgebäck. Im Aachener Raum, besonders in Monschau, sind sie auch heute noch eine Spezialität.

Für den Teig: 150 g Weizenmehl, 1 gestrichener TL Backpulver, 50 g Zucker, 1 Eigelb, 1 EL Milch oder Wasser, 65 g Butter, 1 EL Mehl für den Teigrand.
Für den Belag: ½ l Milch, eine Prise Salz, 125 g Reis, 3 Eier, 1 Eiweiß, 100 g Zucker, das Mark einer Vanille-Schote, das Abgeriebene einer halben Zitrone, 15 g Stärkemehl.

Mehl und Backpulver mischen und auf ein Backbrett sieben. In die Mitte eine Vertiefung drücken und Zucker, Eigelb und Flüssigkeit hineingeben. Mit einem Teil des Mehls zu einem festen Teig verarbeiten. Darauf das in Stücke geschnittene Fett geben und mit dem restlichen Mehl verkneten. Kurz kalt stellen, damit er nicht klebt. Etwa 6 - 8 kleine Torten-Förmchen damit füllen und einen hohen Rand lassen. Teigboden 2 - 3mal mit der Gabel einstechen. Für den Belag: Milch mit dem Salz zum Kochen bringen, den gewaschenen Reis hineinschütten und bei schwacher Hitze ausquellen lassen (er muß noch körnig sein!). Dann kalt stellen. Eigelb leicht anschlagen, zwei Drittel des Zuckers und das Vanilleschotenmark dazugeben und so lange schlagen, bis eine cremige Masse entsteht. Das Aroma und das Stärkemehl zugeben. Eiweiß der vier Eier zu steifem Schnee schlagen und den Rest des Zuckers dazugeben. Der lauwarme Reis wird unter das Eigelb gerührt und der Eierschnee untergehoben. Reismasse in die Törtchen füllen und glattstreichen. Etwa 30 Minuten bei guter Mittelhitze backen.

Besser et Geld nohm Backes gedragen als nohm Apotheker.

Waffele (Waffeln)

Das Waffelieser (Waffeleisen) gehört bis heute zur Grundausstattung nicht nur jedes kölschen Haushalts; am ganzen Niederrhein und vor allem natürlich auch im Bergischen Land (wegen der berühmten Kaffeetafel) hat man sie überall. Denn Waffeln sind eine Lieblingsspeise der Rheinländer, wobei genau zwischen naaße (weiche) und drüjje (knusprige) unterschieden wird. Aus flandrischen Klöstern kam diese Leckerei im 17. Jahrhundert an den Rhein. Wie bei jeder echten Hausmannskost werden die Rezepte für die Waffele in den Familien häufig abgewandelt. Sobald man sich nicht mehr auf die gedruckten Kochbücher verläßt, sondern die handgeschriebenen Vorlagen studiert, findet man feine Unterschiede, die Konsistenz und Geschmack entscheidend verändern können. Von diesen Hausrezepten hier zwei besondere Beispiele, einmal für die naaße und zum anderen für die drüjje Waffele.

Naaße Waffele (Weiche Waffeln)

125 g Butter oder Margarine, 50 g Zucker, das Mark einer Vanille-Schote, 3 Eier, das Abgeriebene einer Zitronenschale, 250 g feines Weizenmehl, 2 gestrichene TL Backpulver, etwa 1/4 l Buttermilch. Zum Ausbacken eine dicke Speckschwarte, Puderzucker zum Bestreuen

Fett schaumig rühren und nach und nach Zucker, Vanille-Zucker, das Abgeriebene der Zitrone, Eier hinzugeben. Das mit Backpulver gemischte und gesiebte Mehl abwechselnd mit der Buttermilch unterrühren, bis der Teig anfängt dünnflüssig zu werden. Er wird dann in nicht zu großer Menge in ein gut erhitztes und mit der Speckschwarte eingeriebenes Herzchen-Waffeleisen gegeben und gebacken. Waffeln mit Puderzucker bestreuen und sofort essen.

Drüjje Waffele (Knusprige Waffeln)

250 g weißer Kandis und ca. 1/4 l heißes Wasser,
250 g feines Mehl, 150 g Butter, 1 Ei, 1 Teelöffel
gestoßener Anis, Speckschwarte zum Einfetten

Kandis mit heißem Wasser übergießen und ihn darin auflösen lassen. Mehl in eine Schüssel sieben, weiche Butter in Flöckchen dazugeben, Ei und Anis und das fast kalte Zuckerwasser zufügen. Der Teig sollte dünner als Pfannkuchenteig sein. Gegebenenfalls noch etwas Wasser zufügen. Nur wenig Teig in ein gut heißes und eingefettetes Eiserkucheneisen geben und goldbraun backen. Die dünnen Waffeln schnell mit einer Gabel aus dem Eisen nehmen und noch heiß zu Röllchen oder Tüten drehen. Dann auf einem Kuchendraht auskühlen lassen, sie sind ganz knusprig. Mit steif geschlagener Sahne gefüllt servieren. In einer gut verschlossenen Blechdose bleiben sie wochenlang knusprig und frisch!

Bratäpfel

4 mürbe, leicht säuerliche Äpfel waschen, Kerngehäuse ausstechen, dann entweder mit Honig und Anis- (oder Fenchel-) Samen oder mit Rosinen und Johannisbeergelee füllen. Mit einem Zuckerstück verschließen und im Backofen backen. Vanillesoße dazu schmeckt auch gut.

Notizen & weitere Rezepte:

Wein - Creme

1/2 Flasche lieblichen Rheinwein, 125 g Zucker, abgeriebenes von 1/2 Zitrone, 5 frische Eier, Saft von 1 Zitrone, 1/2 Eßlöffel Kartoffelmehl, in etwas kaltem Wässer aufgelöst.

Mann schlägt alle Zutaten mit einem Schneebesen stark und ununterbrochen bis kurz vors Kochen, schüttet die Creme rasch in eine bereitstehende Terrine, setzt das Schlagen noch einige Minuten fort und füllt die Creme in Gläser oder Glasschalen.

Kalt servieren!

fig . 10

Kleine Happen (Häppchen)

Häppcher (kleine Happen)

Kleine Happen zu Bier oder Wein hat man im Rheinland besonders gerne. Es kann ein einfaches Stückchen Leberwurst sein oder ein „Scheiterhaufen", das ist in Stifte geschnittener junger holländischer Käse, der auf dem Teller aufgestapelt wird, es gibt aber auch andere Spezialitäten.

Halve Hahn

Wer sich in einer kölschen Wirtschaft etwas zu essen bestellt, sollte genau zwischen nem halve Hahn und einem halv Hähnche unterscheiden können. Letzteres läßt ihn, weil vom Grill, vor Überraschungen sicher bleiben, ordert er beim Köbes jedoch den halven Hahn, erhält er „e Röggelcher mit Kies", das ist ein Roggenbrötchen mit einer dicken Scheibe mittelaltem Holländer Käse. Möchte er noch „jet Kompott" dabei, gibt's scharfen Düsseldorfer Senf. Weiter rheinabwärts von Köln ist Mainzer Handkäs meist der Belag des Roggenbrötchens für halven Hahn. Woher die Bezeichnung stammt, ist nie ganz herausgefunden worden. Professor Dr. Adam Wrede hat in seinem „Neuen kölnischen Wortschatz" eine Erklärung gefunden, und da er als volkskundelnder Wissenschaftler Autorität für sich beanspruchen darf, sei diese hier mitgeteilt: „Die Bezeichnung verdankt ihren Ursprung der humorvollen Täuschung, die ein kölscher Jrielächer (Spaßvogel) im 19. Jh. an seinen Freunden in fröhlicher Runde in einer kölschen Weetschaff beging, als er jedem einen knusprig gebratenen halben Hahn zu spendieren verhieß, aber nach Verständigung mit dem Köbes, dem Zapfburschen, je ein Röggelche met Kies den erwartungsvollen, Genüsse erhoffenden Freunden auftischen ließ." Ob man nun dieser Definition des Herrn Wrede zustimmen mag oder nicht, der Halve Hahn ist überall dort willkommen, wo fröhliche Zecher beieinander sind. Am besten schmeckt er natürlich zu dem obergärigen Kölsch, doch auch bei Pils-Freunden wird er nach dem fünften oder sechsten Glas begehrt sein. Noch ein Vorteil: Junggesellen haben ihn ebenso schnell zubereitet wie jene Hausfrauen, die nicht den ganzen Abend über am Herd stehen können oder möchten und sich lieber den Gästen – und Getränken widmen wollen. Man benötigt dazu pro Person:

1 Röggelchen, 1 ca. 1 cm dicke Scheibe holländer Käse, mittelalt, scharfen Düsseldorfer Senf.

Das Röggelchen (ein ca. 100 g schweres zweigeteiltes Brötchen aus Roggenmehl) wird aufgeschnitten, der Käse entrindet und zwischen die Brötchenhälften gelegt, das kommt dann auf einen Teller, dessen Rand malerisch mit einem Klacks Kompott (dem Senf) garniert wird.

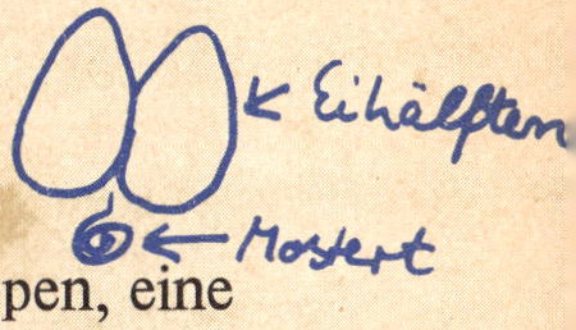

Kallendresser-Happen

Geschichte geworden ist inzwischen der Kallendresser-Happen, eine besondere Spezialität, die keiner besser zuzubereiten wußte als Luise, die Seele des Weinhauses Bech an der Vringsstroß, der Severinstraße. Das Weinhaus an der über 2000 Jahre alten Kölner Straße, in dessen Bacchuskeller die Diseuse Dora Dorette monatlich ihren Jour fix gab, das rauschende Feste nicht nur in der Karnevalszeit sah, ist inzwischen abgerissen, auch der Keller ist verschwunden und mit ihm seine herrlichen Wandbilder, von heute bekannten Künstlern für viele Mittagessen während der Studienzeit mehrere Semester lang liebevoll gemalt. Der Name dieser kleinen Zwischenmahlzeit wiederum stammt von einem Haus am Altermarkt, an dessen Giebel der Bauunternehmer und Hausbesitzer Jupp Engels, Original und Mäzen in einem, eine Neufassung jener mittelalterlichen Spottfigur hat anbringen lassen, die mit verschmitztem Lächeln die blanke Kehrseite der Obrigkeit im gegenüber liegenden Rathaus weist. Da sich um den „Oberkallendresser" Engels bald ein Stammtisch scharte, der bei Bech tagte, kam auf diesem Umweg auch der Kallendresser-Happen in das Weinhaus. Er paßt in eine gemütliche Weintrinker-Runde, die Appetit auf eine Kleinigkeit hat, die Salzstangen, Kleingebäck und ähnliche ständig wiederkehrende Knabbereien überdrüssig sind. Der große Vorteil: Alles kann vorbereitet werden, angerichtet ist in wenigen Minuten. Pro Person benötigt man

4 Eßlöffel Kartoffelsalat (siehe unten), 1 hartgekochtes Ei, scharfer Düsseldorfer Senf, 1 Salatblatt

Das Salatblatt wird auf einen Teller gelegt, auf den Stil des Blattes wird der Kartoffelsalat gehäuft, darunter kommt auf das grüne Blatt das in zwei Hälften geschnittene hartgekochte Ei, dessen beiden Rundungen so drapiert werden, daß zwischen diese beiden Backen ein Klacks brauner Senf paßt.
Der Kartoffelsalat für den Kallendresser-Happen wird, anders als sonst im Rheinland, ausnahmsweise mit Mayonnaise angerichtet. Doch bitte keine Fertigware nehmen, der Salat soll mild schmecken:

1 kg wirklich festkochende, kleine Kartoffeln, 3 Eidotter, Saft von 1 - 2 Zitronen, ¼ l feinstes Olivenöl, Salz, weißer Pfeffer, 1 Zwiebel

Die Eidotter werden mit etwas Salz und einigen Tropfen Zitronensaft mit dem Schneebesen kräftig geschlagen, daß sie steif werden; dann werden tropfenweise das Öl und der Zitronensaft hinzugefügt, die Zwiebel wird ganz feingehackt daruntergerührt und zum Schluß mit Salz und Pfeffer gewürzt. Die Pellkartoffeln möglichst noch heiß abziehen und in dünne Scheiben schneiden, fast kalt in die Mayonnaise geben und einige Stunden ziehen lassen. Dieser Salat schmeckt übrigens auch gut zu kaltem Schweinebraten, Roastbeaf und Kölner Leberwurst.

Kölsch Kaviar, Flöns oder Näcke Hennes
(Blutwurst)

In der kölschen Weetschaff (der gemütlichen Bierkneipe) blüht der Brauch, Vornehm- und Wichtigtuerei gehörig auf die Schippe zu nehmen. Einem solchen Kreis dürfte auch die Erfindung des „Kölsch Kaviar" zuzuschreiben sein. Es handelt sich dabei um die ganz gewöhnliche, lecker mit Kräutern gewürzte und mit vielen Speckstücken gewürfelte Blutwurst, die allgemein in Köln „Blotwoosch" heißt. Und „Sag ens Blotwoosch" fragt außerhalb seiner Heimat ein Kölner einen Fremden, der vorgibt, aus Köln zu stammen, und nur wenn dieser das Wort richtig auszusprechen versteht, wird er als Landsmann akzeptiert. Flöns ist ein weiterer Name für diese Wurst, darunter auch in Düsseldorf bekannt, während sie im Bergischen Land als „Näcke Hennes" (Nackter Hans) beim Metzger gekauft wird. Kölsch Kaviar „met Musik" (Betonung liegt auf dem kurzen „u"), wie hierzu „Öllich" (Zwiebeln) getauft wurde, ist eine herrliche Zwischenmahlzeit beim Bier.

500 g geräucherte, mit Kräutern gewürzte Blutwurst, 3 Zwiebeln, scharfer Senf, 4 Röggelchen (Roggenbrötchen)

Die Blutwurst wird enthäutet und in vier Portionen auf Tellern verteilt. Darüber kommen Dünne Zwiebelringe. Daneben ist noch Platz für einen Klacks Senf und das Röggelchen.

Soleier

5 - 20 Eier, Salzlake

Eier (die Menge richtet sich nach der Zahl der Personen) hart kochen (ca. 8 Min.), abschrecken, Schalen mehrmals leicht einknicken und etwa 24 Stunden in eine starke Salzlake einlegen, die alle Eier bedecken muß. Zum Essen werden die Soleier geschält, halbiert, das Eigelb wird herausgenommen, mit Senf, Essig, Öl, Salz und Pfeffer mit einer Gabel vermengt und dann wieder in die Eiweißhälften zurückgetan. Man ißt sie solo.

Wammer Öllich schellt, muß mer kriesche.

Klatschkies met Musik
(Quark mit Zwiebeln)

500 g Quark (am besten eignet sich Schichtkäse), etwas Milch, 2 Zwiebeln, 1 Bund Schnittlauch, Salz, nach Geschmack auch Kümmel

Der Quark wird mit der Milch sämig gerührt, die feingehackten Zwiebeln, Schnittlauchröllchen und Salz (evtl. Kümmel) daruntergemengt. Dazu gibt es frische Pellkartoffeln und Leinöl.
Schmeckt prima auf Schwarzbrot, dann Leinöl unter den Quark mischen, wem das Leinöl zu streng schmeckt, kann auch ein anderes nehmen.

Jot Esse un Drinke hält Liev un Siel zesamme

Kölsch Büffet

Man muß nicht unbedingt im Rheinland wohnen, um seinen Freunden zur Abwechslung auf einer Party einmal einen Abend auf rheinische Art zu präsentieren. Wer Gefallen daran hat, kann aus seinen Plattenbeständen dazu noch den akustischen Hintergrund zaubern, nötig ist es jedoch nicht. Die Hauptsache ist, daß das kölsche Büffet (die Betonung liegt auf der ersten Silbe) reichhaltig bestückt ist. Dazu gehört

e Krüßje wärm: Rind- und Schweinefleischstückchen gebraten und in der Soße auf dem Rechaud heiß gehalten;
e Krüßje Äzezupp: Erbsensuppe, ebenfalls auf dem Rechaud;
Kölner Leberwurst: die feine ist fest und gut mit Pfeffer gewürzt, die grobe mit Fleisch- und Fettstückchen und Kräutern;
Flöns: eine etwas geräucherte Blutwurst im Naturdarm;
Kies: Käse, vor allem alter und junger Holländer;
Tatar: mageres Rindfleischhack, angemacht mit feingehackten Zwiebeln, Kapern, Salz, Pfeffer und Eigelb;
kalter Schweinebraten: aufgeschnitten in dünne Scheiben;
Hirringsschlot: Heringssalat (siehe Rezept);
Ädäppelschlot: Kartoffelsalat (siehe Rezept);
Frikadellcher: Fleischklopse (siehe Rezept);
Brodwoosch: Möglichst dünne Bratwurst, lang wie eine Schnecke zusammengerollt und so in der Pfanne gebraten;
Soleier (siehe Rezept);
Rollmops: möglichst kleine nehmen;
dazu süß-sauer eingelegte Gürkchen, Rote Beete, Zwiebeln, verschiedene Sorten Senf, Röggelchen, Weiß- und Roggenbrot

Wer dazu dann noch ein gut gekühltes Bier (natürlich möglichst ein Kölsch) serviert, hat damit die Grundlage für einen gelungenen Abend gelegt.

Notizen & weitere Rezepte:

fig. 11

Getränke

Je mih mer drink, je mih d'r Doosch
(Getränke)

„Je mieh mer drink, je mih d'r Doosch" (Je mehr man trinkt, um so größer der Durst), weiß schon der kölnische Volksmund. Bier ist das wahre Volksgetränk im Rheinland, meist obergärig gebraut. Und was den römischen Stadtgründern das Forum, ist seit Jahrhunderten den Kölnern die lange Theke in einer Weetschaff: Hier wird die große Politik des kleinen Viertels durchgehechelt; hier ist man auch demokratisch, Rang und Geldbeutel spielen eine untergeordnete Rolle, was mehr zählt, sind Mutterwitz und jenes „kölsch jenöglich Hätz", das mit „fröhlichem Behagen" nur sehr ungenügend ins Hochdeutsche übersetzt werden kann. Vor allem früher bevorzugte der Bürger Wein. Das ist inzwischen anders. Selbst bei karnevalistischen Veranstaltungen sind die Pausen bei ihm besonders beliebt, weil er dann dem Weinzwang entrinnen und an die Kölsch-Theke eilen kann. Daneben verachtet der Rheinländer auch seinen „Schabau" (Schnaps) nicht. Er hat sich als reiner, klarer Korn vor allem aus Siegen und Xanten einen Namen gemacht. Den „Wacholderkoon" kannte man auch schon im 16. Jahrhundert. Verschiedene Hausbrennereien im Rheinland brauen nach alten Familienrezepten noch heute einen guten Magenbitter zusammen, aus der Eifel ist der Aufgesetzte berühmt geworden, und hier versteht man es auch, einen Viez zu keltern, den Apfelwein, wie er besonders in der Südeifel zuhause ist. Wird er als „Birreviez" angeboten, sind Birnen das Ausgangsprodukt.

Altbier

Der Reichtum des Rheinlandes an kulinarischen und deftigen Spezialitäten ist, so beweist es dieses Kochbuch deutlich, von beachtlichem Ausmaß. Damit aber nicht genug!
Denn auch im Bereich der Getränke, die zu jedem guten Mahl gehören, aber immer auch unabhängig davon zu genießen sind, schätzt der rheinische Mensch das Besondere.

Nicht umsonst stand die Wiege und stehen auch heute noch die Brauereien seines geliebten Altbieres am Niederrhein!
Der Fremdling mag das für widersprüchlich halten, wirft er doch nur zu gerne „Rhein" und „Wein" nicht nur des Reimes wegen in einen Topf. Das mag insoweit rechtens sein, als die rheinischen Weinberge mit ihren trefflichen Tropfen manches Zecherherz erfreuen, kann aber dennoch nicht darüber hinwegtäuschen, daß man den großen rheinischen Durst doch in erster Linie mit Altbier löscht!
Altbier ist ein obergäriges Bier, jedoch dunkler und süffiger als das helle Kölsch.
Während sich in anderen deutschen Landen um das 19. Jahrhundert das untergärig gebraute Hellbier durchsetzte, bei dessen Herstellung die Bierhefe sich nach unten auf den Grund des Gärbottichs absetzt, blieben die niederrheinischen Brauer bis auf den heutigen Tag bei dem guten, alten Rezept der Vorfahren. Ausschließlich nach dem Reinheitsgebot gebraut, verbinden sich deshalb heute im Altbier Tradition seit Jahrhunderten und die Fortschritte in der Bierherstellung bis zur modernen brautechnischen Hochleistung. Das Altbewährte wurde noch bewährter, damit wuchs die Liebe zum obergärigen Altbier - dem anderen Bier - auch über die Grenzen am Niederrhein hinaus.
Der Rheinländer genießt sein Altbier aus dünnwandigen Gläsern, den sogenannten Altbier-Stangen. Das Bier muß immer frisch und gut gezapft sein, mit einer einladend appetitlichen Schaumkrone.
Wer ein echt rheinisches Altbier-Fest feiern will, sollte sich unbedingt ein Original-Stichfaß besorgen.
Aus diesem Faß gezapft genießen es alle diejenigen, die im Kreise guter Freunde dem Genuß des Besonderen frönen wollen.

Altbier-Bowle

Die Altbier-Bowle ist ein im Sommer sehr beliebtes weil bekömmliches Erfrischungsgetränk. Sie wird mit frischen Erdbeeren, Ananas- oder Pfirsichstücken direkt im Glas oder Krug angesetzt. Dabei muß

das Obst zuvor mit Zucker kurz aufgekocht worden sein, um volle Süße zu entfalten. Vereinfachen läßt sich diese Prozedur durch Verwendung von Früchten aus der Dose, die bereits im eigenen Sirup schwimmen.
Man nehme pro Altbier-Stange je nach Süßigkeitsbedürfnis 2 bis 3 Eßlöffel Sirup mit Früchten und fülle mit gut gekühltem Altbier auf. Ein köstliche und wohltuende Erfrischung vor allem bei hochsommerlichem Wetter.

Maidrank (Maibowle)

Gerade 100 Jahre ist es her, daß in der Kölner Altstadt die letzten Weinberge dem Häuserbau weichen mußten. Wuchs hier auch nicht gerade die allerbeste Qualität, so hatten doch Rat, Kirche und alle begüterten Bürger rheinaufwärts und an der Mosel zum Teil große Besitzungen, auf denen edle Tropfen wuchsen. Ob es nun darum ging, die weniger guten Tropfen zu Trinkfähigkeit aufzumöbeln, oder ob die Quacksalber hier ihre Hand im Spiel hatten, wissen wir nicht. Bekannt ist nur, daß schon im Mittelalter gewürzter Wein in Köln getrunken wurde. Der Chronist Hermann von Weinsberg lobte bereits im 16. Jahrhundert diesen Trank mit der Begründung: Wenn man sich vorteilhaft im Frühjahr zur Ader lasse, dann müsse das Blut mit Maiwein wieder aufgefüllt werden, um durch die Kraft der Kräuter die Adern auch richtig zu reinigen. Von ihm aufgezeichnet wurde auch das Rezept:

> *14 Quart (= 20,3 l) Wein, 8/4 Pfd (1000 g) Zimt, 8 Lot (117 g) Ingwer, 5/4 Pfd (625 g) Galgan (sehr aromatische Würzwurzel aus China, bei uns auch als „Laos" überall dort erhältlich, wo es Zutaten für die Reistafel gibt), 6 1/2 Pfd (3250 g) Zucker, 1 1/2 Lot (22 g) Nelken*

Zucker und Zimt blieben auch in den folgenden Jahrhunderten Hauptbestandteil des Maiweins, die anderen exotischen Gewürze wurden später jedoch so rar, daß man sie durch heimische Kräuter ersetzte. Dieser altrheinische Kräuterwein, hat mit der Maibowle unserer Tage

allerdings nur wenig gemein. Etwa 20 verschiedene Kräuter wurden dazu benutzt, wie für den Beginn des vorigen Jahrhunderts Ernst Weyden in seinen Erinnerungen bezeugt. Außer dem Maikraut, dem Waldmeister, kamen mit Sicherheit noch junge Erdbeerblätter, Melisse und wohl auch etwas Minze hinzu, doch die genaue Zusammensetzung der Kräutermischung ist irgendwie verschollen gegangen, selbst passionierte Heimatforscher mußten bei der Rezeptur bisher passen. Obligatorisch, das weiß man, waren Zitrone, Stangenzimt und Zucker. Der Maidrank wurde in einer großen blauen, irdenen Rumpfkanne angesetzt und aus großen gläsernen Humpen getrunken, an deren Deckelknauf auf einer Feder ein silberner Vogel saß. Dieser Krug machte die Runde, jeder Gast mußte trinken, solange nach dem Öffnen des Deckels dieser Silbervogel „wibbelte", sich bewegte. Und die Runden dauerten so lange, bis niemand mehr den Vogel wibbeln sah.
Auch die heutige Maibowle kann einen schweren Kopf machen. Das Risiko wird stark vermindert, wenn man es versteht, den Zucker- und Säurespiegel in der Bowle möglichst auszutarieren. Mancher Hausherr hat es hierbei – nach hartem Training – schon zu wahrer Meisterschaft gebracht. Doch ohne jede Gewähr sei hier ein Rezept empfohlen:

1 Bündel Maikraut (Waldmeister), möglichst frisch, je 5 frische Pfefferminz-, Erdbeer- und schwarze Johannisbeerblätter, 2 kleine naturreine Zitronen, 1 Stange Zimt, 15 Stück Würfelzucker, 2 - 3 Flaschen ziemlich trockenen Rheinwein, 1 Flasche Schaumwein

im nächsten Mai probieren!

Die Maikrautstengel und die Blätter verlesen, evtl. kurz abspülen, bündeln und mit den Spitzen nach unten in das Bowlegefäß hängen. Die Zuckerstücke an den Zitronenschalen reiben, bis sie gelb sind, Zitronen dann in dünne Scheiben schneiden, alles in das Gefäß tun und mit 1 Flasche Wein begießen. Höchstens ½ Stunde ziehen lassen, dann die Kräuter herausnehmen, Flüssigkeit durchseihen, und in den Kühlschrank stellen, wo bereits der Schaumwein lagert. Frühestens nach 1 Stunde herausnehmen, mit dem restlichen Wein auffüllen, Schaumwein dazugießen und das Bowlegefäß auf Eis weiter kühl halten.

Vanillche (Vanillelikör)

'Ne richtige Kaffeklatschang (Kaffeeklatsch) mußte im alten Köln mit einem Vanillche abgeschlossen werden. Aber auch zu anderen Tageszeiten fanden die Kölnerinnen gerne einen Grund, etwas von ihren Hausmacherliqueur zu picheln. Im Rezeptbuch der Gleueler Öhm fand sich diese vielleicht etwas mühevolle, aber ganz ausgezeichnete Zubereitungsart:

4 Vanilleschoten, 3 l Branntwein, 1 kg Zucker, 1 Nelke, 5 Wacholderbeeren

Die Vanilleschoten der Länge nach spalten, in einen Glaskolben geben, Branntwein aufgießen, gut verschließen (Originalrezept: mit einer Schweinsblase) und 14 Tage am äußersten Herdrand warmstellen. Dann den Zucker mit Gewürzen und 3 l Wasser zum Breitlauf einkochen (bei einem eingetauchten Schaumlöffel muß der letzte Tropfen breit und langsam ablaufen), dabei ständig abschäumen, dann den Branntwein hinzugeben, filtrieren und auf Flaschen füllen, die gut verkorkt im Keller gelagert werden.
Die Öhm färbte den Likör mit einigen Tropfen Cochenille rosarot. Wurde früher aus einer Blattlaus-Art gewonnen und auch für Lippenstifte verwandt. Heute tut's auch Speisefarbe.

Opjesatzte (Aufgesetzter)

150 g schwarze Johannisbeeren, 150 g brauner Kandiszucker, ½ - ¼ Zimtstange, 1 Vanilleschote, 1 Flasche guten Korn.

Johannisbeeren waschen, gut abtropfen lassen, dann entstielen. Mit Kandiszucker, Zimt und der aufgeschnittenen Vanilleschote in Flaschen geben, mit Korn auffüllen und mindestens 6 bis 8 Wochen an warmer Stelle (Fensterecke oder auf dem Küchenschrank) ziehen lassen. Dann filtern, wieder auf Flaschen ziehen, verkorken und noch einige Wochen reifen lassen.
Schmeckt auch gut aus Brombeeren, Waldbeeren (mit etwas Rum würzen) oder Sauerkirschen (2 - 3 Nelken dazugeben).

Notizen & weitere Rezepte:

Erwerben macht es nicht allein,
Mußt's Sparen auch versteh'n;
Und klüglich alles teilen ein,
Wenn alles gut soll geh'n.

Inhalt

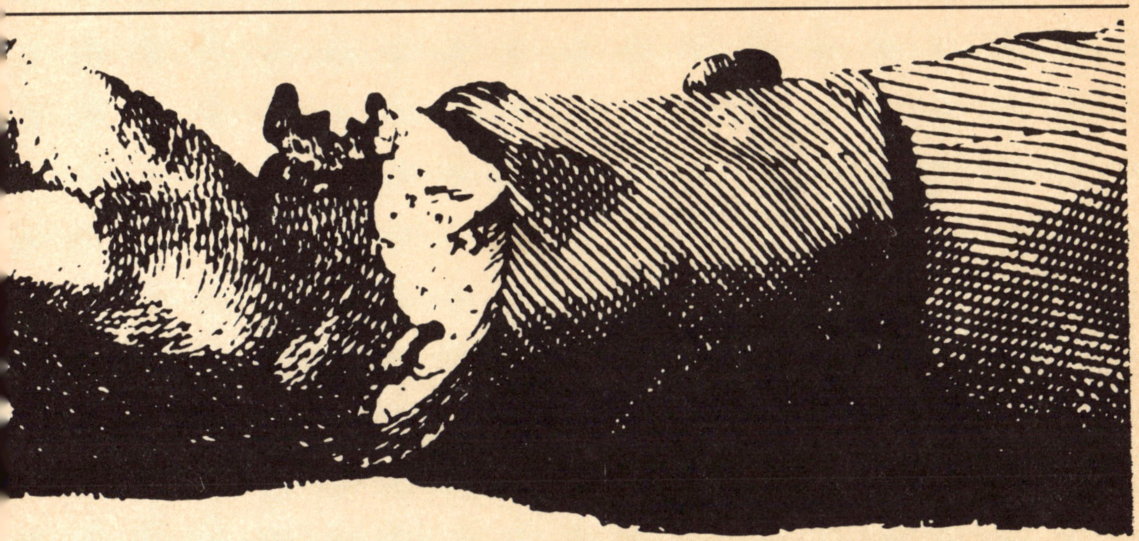

Züppcher (Suppen)

Dr Schlot (Salate)

De Zaus (Die Soße)

Fleisch und Geflügel

Jemös (Gemüse)

Fesch (Fische)

Zuppepott (Eintopfsuppen)

Pfannengerichte

Jebäcks (Kuchen)

Häppcher (Kleine Happen)

Getränke

Notizen & weitere Rezepte:

Ingwer-Liqueur

45g gemahlener Ingwer, 1 ℔ schwarze
Johannisbeeren (leicht zerdrücken),
1/4 l Kirschwasser, 1 ℔ weißen Kandis.
Alles zusammen in eine große,
weithalsige Glasflasche geben, gut
schütteln und gut verkorkt
2-3 Tage an einen warmen Ort stellen.
Muß öfters umgeschüttelt werden!
Dann Zucker mit 1/8 l Wasser läutern
und nach dem Auskühlen mit dem
durch ein Tuch gefilterten Angesetzten
vermischen. Nochmals filtern, in
Flaschen füllen und aufbewahren.
(Gut für den Magen!!!)

Liebe Leserin, lieber Leser,

am Anfang steht die Idee. In diesem Fall waren es zwei. Zwei Hausfrauen sammelten bodenständige Rezepte, die in Vergessenheit zu geraten drohten und ein junges Team dachte sich die „alte" Verpackung aus. Das war 1974 und nannte sich „Das Kochbuch aus dem Münsterland". Die Resonanz aus Ihren Reihen, liebe Leser, war hervorragend und brachte uns viele neue Rezepte und Ideen. Daraus entstand eine ganze Reihe Kochbücher mit Rezepten deutscher Landschaften, deren neuestes Sie nun in Ihren Händen halten.

In Herrn Gustav Casparek fanden wir einen Autor, der mit Sachkenntnis, viel Liebe und humorvollen Details Rezepte und Küchenanekdoten des Rheinlandes zusammenstellte. Dr. Erhard Schlieter, Direktor des Verkehrsamtes der Stadt Köln, schrieb ein Vorwort, das deutlich seine Liebe zum Rheinland und dessen Küche zeigt. Ihnen gilt mein besonderer Dank.

Wie immer, bemühten sich auch viele andere um das Gelingen; Ralf-Dieter Rudat besorgte die Organisation, Robert Sönksen die Gestaltung, Conny Weingarten alles was fehlte und Ursula Spahn den Schriftverkehr. Nicht zu vergessen die Mitarbeiter der Druckerei Cramer, die für die Herstellung sorgten, und viele Ungenannte.

Sie, liebe Leser, möchte ich nun herzlich bitten, uns Verbesserungen, Gedanken und Kritik mitzuteilen. Bei der nächsten Auflage werden wir Ihre Anregungen gerne verwerten.

Guten Appetit

Wenn Sie sich für weitere Bücher aus unserem Verlag interessieren, schreiben Sie uns oder fragen Sie Ihren Buchhändler. Wenn Ihnen das vorliegende Buch gefällt, so werden Ihnen sicher auch die nachfolgenden Titel zusagen. Eine kleine Überraschung haben wir noch für Sie, Sie können bei uns eine Schürze aus dem Umschlagstoff dieses Buches, aber auch aller anderen Titel unseres Verlages bestellen. Besonders zum Verschenken und Selberschenken, zum Preis von DM 18,–. Sie wird Ihnen bestimmt gefallen!

In unserem Verlag sind erschienen:

Das Kochbuch aus Hamburg
Das Kochbuch vom Oberrhein
Das Kochbuch aus Berlin
Das Kochbuch aus München und Oberbayern
Das Kochbuch aus Niederbayern und der Oberpfalz
Das Kochbuch aus Franken
Das Kochbuch aus Bremen
Das Kochbuch aus dem Münsterland
Das Kochbuch aus Westfalen
Das Kochbuch aus Hessen
Das Kochbuch aus Thüringen, Sachsen und Schlesien
Das Kochbuch aus Mecklenburg, Pommern und Ostpreußen
Das Kochbuch aus Schleswig-Holstein
Das Kochbuch aus Schwaben
Das Kochbuch aus dem Ruhrgebiet
Das Kochbuch aus Ostfriesland
Das Kochbuch aus Niedersachsen
Das Kochbuch aus dem Saarland
Das Kochbuch aus dem Schwarzwald
Das Kochbuch von der Mosel
Das Kochbuch vom Dreiländereck
Das Kochbuch aus dem Sauerland

Das Kochbuch aus Tirol
Das Kochbuch aus Kärnten

Das Kochbuch aus der Innerschweiz
Das Kochbuch aus der Ostschweiz
Das Kochbuch aus Basel
Das Kochbuch aus Graubünden
Das Kochbuch aus dem Bernbiet
Das Kochbuch aus dem Tessin

Das Kochbuch aus dem Elsaß (franz./deutsch)
Das Kochbuch aus Schottland (engl./deutsch)
Das Kochbuch aus Lyon (franz./deutsch)

Das praktische Jagdkochbuch
Das Buch vom schönen Backen
Das Kochbuch aus Kombüse und Pantry

In Vorbereitung:
Das Kochbuch aus der Westschweiz
Das Kochbuch aus der Tschechoslowakei (tschechisch/deutsch)
Das Kochbuch aus Salzburg